MARTIN KINTRUP

Lieblingskuchen aus der PFANNE

IHR WEGWEISER

Der Weg zu der fruchtigen Erdbeer-Holunder-Torte, dem cremigen Chocolate Cheesecake, den fluffigen Oriental Pancakes oder auch dem herzhaften Antipasti-Kuchen geht über die Pfanne. Hier finden Sie die tollsten Rezepte für leckere Lieblingskuchen!

MAKE MAGIC HAPPEN

Ab Seite 6

Wie kann man Kuchen, Torten und viele andere Mehlspeisen nur mit der Pfanne und ohne Backofen zubereiten? Welche Pfannen eignen sich? Worauf muss man achten? Martin Kintrup verrät die besten Tipps und Tricks für gutes Gelingen.

FRUCHTALARM

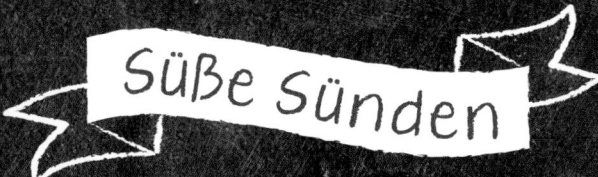

Mit Beeren oder Kirschen, mit Aprikosen oder Pflaumen, mit Äpfeln oder Birnen, mit Orangen, Zitronen oder exotischen Früchten ... Wer kann schon einem Stück saftigen Kuchen mit reifem, süßem Obst widerstehen?

Fluffige Träume

– 64 –

Aus einfachen Zutaten – Eiern, Mehl und Zucker – werden Schmarren, Crêpes & Co. gebacken. Mit ein paar Extras werden diese luftigen Köstlichkeiten zum Hit auf dem Frühstückstisch oder zu einer süßen Mahlzeit zum Sattessen.

Süße Sünden

Wenn Karamell sich mit Bananen und Erdnüssen vereint. Wenn Himbeere und Baiser würzigen Schokokuchen begleiten, wenn es cremig und schokoladig zugleich ist wie ein Tonkabohnen-Nusstörtchen ... dann ist es definitiv eine Sünde wert!

AB SEITE 38

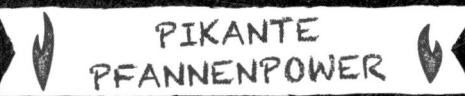

PIKANTE PFANNENPOWER

Es muss nicht immer Pizza oder Quiche sein! Wer herzhaften Kuchen liebt, findet hier geniale Abwechslung. Von Bärlauch-Spargel-Wähe über Galetten mit Möhren bis hin zu Avocado-Lachs-Torte. Perfekt als Abendessen oder fürs Büfett!

– AB SEITE 86 –

 # 5 Leckere Extra-Seiten

Always on Top: coole Toppings für coole Kuchen. SEITE 18–21
Innen drin oder obendrauf: leckere Füllungen und Frostings. SEITE 50–53
Fruchtig, schokoladig oder cremig: Traumsaucen zum Mitlöffeln. SEITE 78–81
Knackige Begleiter: raffinierte Salate als tolle Ergänzung. SEITE 96–99
Last, but not least: vier fantastische Kuchen aus dem Vorrat. SEITE 106–107

Lieblingskuchen

Pfanntastisch backen!

Backen ohne Ofen geht nicht? Geht doch! Ich habe für Sie eine innovative ALTERNATIVE ENTDECKT: Kuchen aus der Pfanne! Denn mit einem Deckel darauf wird aus der Pfanne QUASI EIN KLEINER BACKOFEN MIT UNTER-HITZE, in dem man bei schwacher Hitze in rund 20 bis 35 Minuten die tollsten Kuchenkreationen zaubern kann. Ob FRUCHTIGE TARTES und CRUMBLES, SCHO-KOKUCHEN, TORTENBÖDEN, CRÊPES und SCHMARREN in allen VARIATIONEN oder GENIALE HERZHAFTE KU-CHEN: Den Backofen braucht dafür jetzt keiner mehr. Mit etwas Know-how gelingt alles auch in der Pfanne PERFEKT. Neben den vielen kreativen Rezepten zeige ich Ihnen dazu allerlei REZEPTE FÜR SAUCEN, TOPPINGS und FÜLLUNGEN, mit denen Sie Ihre eigenen KUCHEN-KUNSTWERKE entwerfen können. AUSSERDEM gibt es FEINE SALATBEILAGEN für herzhafte Kuchen, die zu-sammen mit einem Stück Kuchen eine AUSGEWOGENE, SÄTTIGENDE MAHLZEIT ergeben.

Also ein RUNDUMWOHLFÜHLPAKET nach dem Motto:

bye-bye Backofen, welcome Pan!

Pfannen-Know-how

Für die Zubereitung von genialen Pfannenkuchen ist eine beschichtete Pfanne die beste Wahl, da in ihr nichts anhaftet und der Kuchen leicht gestürzt oder gewendet werden kann. Alle Rezepte im Buch werden in einer Pfanne mit 28 cm Durchmesser zubereitet. Ganz wichtig: Die Pfanne braucht einen perfekt passenden Deckel, nur so entsteht das optimale Backklima. Die beste Wahl ist ein Glasdeckel: So können Sie immer verfolgen, was sich in der Pfanne tut.

Geeignete Pfannentypen

Der bewährte Klassiker unter den beschichteten Pfannen ist die sogenannte Teflonpfanne mit Polytetrafluorethylen-Beschichtung (PTFE). Ihre Beschichtung sorgt dafür, dass nicht nur beim Braten, sondern auch beim Backen nichts anhaftet und die Pfannenkuchen leicht gestürzt werden können (siehe S. 8). Sie ist jedoch relativ empfindlich. Daher sind in einer Teflonpfanne bei der täglichen Benutzung Pfannenwender und andere Utensilien aus Metall tabu. Zur Vermeidung von Kratzern in der Beschichtung sollten Sie ausschließlich Pfannenwender aus Holz oder Kunststoff verwenden. Da der Pfannenwender in diesem Buch fast nur beim Wenden und gegebenenfalls Zerteilen von Crêpes und Schmarren zum Einsatz kommt, fällt die Empfindlichkeit der Teflonpfanne hier allerdings nicht so sehr ins Gewicht. Auch die Tatsache, dass sie keine starke Hitze verträgt, spielt bei unseren Rezepten keine Rolle, denn Pfannenkuchen backen bei schwacher Hitze gemütlich vor sich hin, damit der Teig am Pfannenboden nicht zu schnell dunkel wird. Achten Sie beim Kauf einer Pfanne unbedingt auf gute Qualität, lassen Sie sich beraten und investieren Sie im Zweifel lieber ein paar Euro mehr, damit Ihre „Pfannen-Beziehung" glücklich und von langer Dauer ist. Passende Deckel werden meistens extra verkauft.

Keramik & Gusseisen

Pfannen mit neuartiger Keramikbeschichtung sind wesentlich robuster und kratzfester und können zudem stark erhitzt werden. Da Emaillebeschichtungen aber keine klassischen Antihaftbeschichtungen sind, sondern nur eine reduzierte Haftung bieten, ist der Einsatz von Backpapier hier grundsätzlich ratsam. Das gilt auch bei der Verwendung einer gusseisernen Pfanne, deren Einsatz für Pfannenkuchen auch möglich ist.

Reinigung & Pflege

Beschichtete Pfannen mit Küchenpapier oder bei stärkeren Verschmutzungen mit Wasser und einem Schwammtuch reinigen und gegebenenfalls abtrocken. Eisenpfannen mit Salz einreiben und anschließend mit Küchenpapier säubern. Beim Kuchenbacken sollte es eigentlich keine großen Verkrustungen geben. Falls bei beschichteten Pfannen allerdings auch nach der Reinigung immer noch schwarze Verkrustungen zu finden sind, ist die Beschichtung höchstwahrscheinlich hinüber und die Pfanne gehört in den Müll.

Pfannentechnik

Kuchen backen in der Pfanne ist wirklich easy! Ein paar Technik-tricks helfen jedoch, zu einem perfekten Ergebnis zu kommen.

Backpapier zuschneiden

Für das Wenden der Kuchen benötigen Sie einen Teller, der genau in die Pfanne passt. Dieser kann auch als Schablone zum Zuschneiden des Back-papiers auf Pfannengröße verwendet werden. Dafür den Teller mit der Oberseite nach unten auf einen Bogen Backpapier legen und den Rand nach-zeichnen. Dann mit einer Schere den aufgemalten Kreis ausschneiden, und zwar so, dass die Markie-rung mit abgeschnitten wird. Bei Kuchen, die nicht gewendet werden können, ist es sinnvoll, den Kreis mithilfe eines größeren Tellers ein bis zwei Zenti-meter größer als den Pfannenboden auszuschnei-den und den Rand etwas einzuschlagen. So kann der fertige Kuchen mithilfe des Backpapierrands ganz leicht aus der schräg gehaltenen Pfanne ge-zogen werden.

Kuchen vom Pfannenboden lösen

Besonders, wenn am Pfannenboden eine Karamell-schicht entsteht, beispielsweise bei dem Pflau-menkuchen (siehe S. 29), haftet der Kuchen gele-gentlich kurz an. In einer beschichteten Pfanne lässt er sich jedoch leicht wieder lösen: und zwar mit der Rütteltechnik! Einfach die Pfanne schnell und schwungvoll auf der Herdplatte mehrmals we-nige Zentimeter vor- und zurückziehen, bis Sie mer-ken, dass sich der Kuchen auf dem Pfannenboden bewegt. Nun können Sie ihn problemlos stürzen bzw. wenden.

Kuchen stürzen bzw. wenden

Einen flachen Teller auswählen, der genau in die Pfanne passt. Den Teller – gegebenenfalls mit einem zweiten Bogen Backpapier – mit der Ober-seite nach unten auf den Kuchen in der Pfanne legen. Den Griff der Pfanne mit der einen Hand, den Teller mit der anderen, flachen Hand fest-halten und mit Schwung so wenden, dass der Teller auf der flachen Hand landet. Jetzt die Pfanne lang-sam hochheben. Gegebenenfalls das Backpapier von der Oberfläche des Kuchens abziehen und den Kuchen je nach Rezept weiterverarbeiten: Wenn der Kuchen fertig gebacken ist, ein Kuchen-gitter mit der Oberseite nach unten darauflegen, erneut auf die gleiche Art mit Schwung wenden und den Kuchen auf dem Kuchengitter auskühlen lassen. Oder den – noch nicht fertig gebackenen – Kuchen mit Backpapier zurück in die Pfanne glei-ten lassen und nach den Angaben im Rezept fertig-backen. Dann je nach Rezeptbeschreibung vorsichtig aus der Pfanne gleiten lassen oder wie oben beschrieben erneut stürzen.

Noch ein Tipp zum Herd

Wenn Herd oder Pfanne neu sind, ist es wichtig, dass Sie bei der Zubereitung der ersten Lieblings-kuchen aufpassen, denn jeder Herd heizt anders und auch die Pfannen unterscheiden sich. Mögli-cherweise heizt Ihr Herd sehr stark und die Kuchen sind schneller fertig als im Rezept angegeben.

Der Deckel muss perfekt auf der Pfanne sitzen.

Für beschichtete Pfannen nur Utensilien aus Holz oder Plastik verwenden!

Perfekt geeignet!

Beschichtete Pfannen.
Auch gut: Keramik und Gusseisen.

 ## Reinigung

Beschichtete Pfannen nur mit Küchenpapier oder Wasser und Schwammtuch säubern!

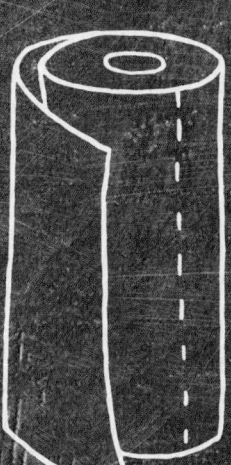

Backpapier hilft beim Wenden und Herausnehmen der Pfannenkuchen.

Wenn der Kuchen am Boden klebt: Pfanne hin- und herrütteln.

KAPITEL

1

Fruchtalarm

Feines mit Obst

Lieblingskuchen

Erdbeer-Holunder-Torte

ca. 35 Min.
25 Min. Backen

★★★ aufwendig

6 Personen

1 Für den Teig das Mehl mit der Speisestärke und dem Backpulver mischen. Die Butter mit 1 Prise Salz in einer Rührschüssel mit den Quirlen des Handrührgeräts cremig schlagen, dabei nach und nach den Zucker und den Vanillezucker einrieseln lassen und rühren, bis der Zucker sich fast vollständig aufgelöst hat. Die Eier nacheinander unterschlagen, zuletzt die Mehl-Stärke-Mischung unterheben.

2 Einen Bogen Backpapier auf Pfannengröße zuschneiden und die Pfanne damit auslegen. Den Teig gleichmäßig in der Pfanne verteilen und zugedeckt bei schwacher Hitze 20 Minuten backen. Einen Bogen Backpapier auf den Teig legen und den Teigboden auf einen Teller stürzen. Mitsamt dem Backpapier zurück in die Pfanne gleiten lassen und offen 5 Minuten fertig backen. Den fertigen Biskuitboden auf ein Kuchengitter stürzen, das Backpapier vorsichtig ablösen und den Kuchen abkühlen lassen.

3 Den abgekühlten Biskuitboden in einen Tortenring einspannen. Für die Creme den Schmand, den Holunderblütensirup und den Zitronensaft verrühren. Die Sahne in einem hohen Rührbecher steif schlagen und unterheben. Zuletzt das Gelatinepulver unterrühren und die Creme gleichmäßig auf dem Boden verstreichen.

4 Die Erdbeeren waschen, putzen, trocken tupfen und in Scheiben schneiden. Dann leicht überlappend in Kreisen von außen zur Mitte hin auf der Creme auslegen und leicht andrücken. Die weiße Schokolade in grobe Späne hobeln und auf die Erdbeeren streuen. Die Torte in Stücke schneiden und servieren.

ZUTATEN
Für den Teig:
80 g Mehl

20 g Speisestärke

1 TL Backpulver

100 g Butter

Salz

80 g Zucker

1 Pck. Bourbon-Vanillezucker

5 Eier (Größe M)

Für die Creme:
400 g Schmand

100 ml Holunderblütensirup

2 TL Zitronensaft

200 g kalte Sahne

1 Pck. Sofort-Gelatine

Außerdem:
500 g Erdbeeren

50 g weiße Schokolade

Pures Sommerglück

Rhabarberkuchen mit Amarettinibröseln

☞ ca. 40 Min.
35 Min. Backen
1 Std. Kühlen
★★ mittel
6 Personen

ZUTATEN

750 g roter Rhabarber
170 g Zucker
2 Pck. Bourbon-Vanillezucker
100 g Butter
100 g Mehl
2 TL Backpulver
3 Eier (Größe M)
Salz
100 g gemahlene Mandeln
¼ l Milch
1 Pck. Vanillepuddingpulver
200 g Sahne
30 g Amarettini

1   Den Rhabarber putzen, waschen, in Scheiben schneiden und in etwas kochendem Wasser etwa 1½ Minuten blanchieren. In ein Sieb abgießen und abtropfen lassen, den Sud auffangen. 60 g Zucker in einem Topf karamellisieren. Den Rhabarber und 1 Päckchen Vanillezucker dazugeben, kurz schwenken, bis sich der Zucker aufgelöst hat, dann beiseitestellen. Die Butter zerlassen und abkühlen lassen.

2   Das Mehl mit dem Backpulver mischen. Die Eier mit 1 Prise Salz schaumig schlagen. Nach und nach 60 g Zucker und den restlichen Vanillezucker unterschlagen, bis die Mischung cremig ist. Die Butter unterrühren, dann die Mehl-Backpulver-Mischung und die gemahlenen Mandeln unterheben. 75 ml Rhabarbersud abmessen. 150 g Rhabarberstücke beiseitestellen, den übrigen Rhabarber unter den Teig heben.

3   Zwei Bögen Backpapier auf Pfannengröße zuschneiden. Die Pfanne erhitzen, ein Backpapier hineinlegen und den Teig darauf verteilen. Zugedeckt bei schwacher Hitze 25 Minuten backen. Das zweite Backpapier darauflegen, den Kuchen auf einen Teller stürzen, mit dem Backpapier wieder in die Pfanne gleiten lassen. Offen 10 Minuten fertig backen. Das Backpapier ablösen, den Kuchen auf ein Kuchengitter stürzen, das zweite Backpapier entfernen und den Kuchen abkühlen lassen.

4   Die Milch, den Rhabarbersud, den restlichen Zucker und das Vanillepuddingpulver in einem Topf glatt rühren, aufkochen und kurz dicklich einköcheln lassen. Den übrigen Rhabarber unterrühren. Vom Herd nehmen, mit Frischhaltefolie bedecken und lauwarm abkühlen lassen. Den Kuchen in einen Tortenring einspannen. Die Sahne steif schlagen und unter den Pudding rühren. Auf den Kuchen streichen, die Amarettini im Blitzhacker zermahlen und daraufstreuen. Den Kuchen 1 Stunde kühl stellen. Aus dem Tortenring lösen und in Stücke schneiden.

Kirsch-Streusel-Kuchen mit Haselnüssen

☞   ca. 30 Min.
     48 Min. Backen
★★   mittel
6   Personen

1   In einer Schüssel 70 g Mehl, 50 g Zucker und je 1 Prise Zimtpulver und Salz mischen. 50 g Butter in einem Topf zerlassen und vom Herd nehmen. Die Mehl-Zucker-Mischung dazugeben und mit dem Schneebesen zu einem bröseligen Teig rühren. Die Pfanne erhitzen und die Brösel darin zugedeckt bei schwacher Hitze 20 Minuten backen, dabei jeweils nach 5 Minuten durchschwenken. Gegen Ende der Backzeit die Temperatur erhöhen und die Streusel 2 bis 3 Minuten unter Rühren leicht bräunen. Aus der Pfanne nehmen und die Pfanne säubern.

2   Die Kirschen in ein Sieb abgießen, abtropfen lassen und noch etwas Saft ausdrücken. Die restliche Butter zerlassen. Das übrige Mehl mit den gemahlenen Haselnüssen, dem Backpulver und ½ TL Zimtpulver mischen. Die Eier mit 1 Prise Salz in einer Rührschüssel mit den Quirlen des Handrührgeräts schaumig schlagen. Den restlichen Zucker einrieseln lassen und schlagen, bis die Masse cremig ist. Zunächst die flüssige Butter unterschlagen, dann die Mehl-Nuss-Mischung unterheben.

3   Einen Bogen Backpapier etwas größer als die Pfannengröße zuschneiden. Die Pfanne erwärmen, das Backpapier hineinlegenden, den Teig gleichmäßig daraufgeben und glatt streichen. Zuerst die Kirschen, dann die Streusel auf dem Teig verteilen. Zugedeckt bei schwacher Hitze 28 Minuten backen. Die Pfanne vom Herd nehmen und den Kuchen 8 bis 9 Minuten zugedeckt ziehen lassen. Den Kuchen mithilfe des überstehenden Backpapiers vorsichtig auf ein Kuchengitter ziehen und abkühlen lassen. Nach Belieben mit Puderzucker bestäuben.

TIPP

Sie können auch 100 g Nussnugat in kleine Würfel schneiden und mit den Kirschen auf dem Teig verteilen.

ZUTATEN

200 g Mehl
150 g Zucker
Zimtpulver
Salz
100 g Butter
1 Glas Schattenmorellen
(360 ml)
50 g gemahlene Haselnüsse
2 TL Backpulver
3 Eier (Größe L)

Saftig und mit Biss

Schoko-
splitter

Etwas ganz Besonderes mit Fleur de Sel

Eierlikörsahne

Hibiskuszucker

Rosmarin–
krokant

Eierlikörsahne

ca. 5 Min. • ★ • 6 Personen

Zutaten
200 g kalte Sahne, 1 EL Zucker, 1 Pck. Sahnefestiger, 5 cl Eierlikör

1 Die Sahne mit dem Zucker und dem Sahnefestiger in einem hohen Rührbecher mit den Quirlen des Handrührgeräts steif schlagen.

2 Den Eierlikör unterschlagen und die fertige Eierlikörsahne bis zum Genuss zugedeckt kühl stellen.

TIPPS
Die Eierlikörsahne passt sehr gut zum Zebrakuchen mit Eierlikör (siehe S. 48). Auch zu fruchtigen Kuchen wie Pflaumenkuchen (siehe S. 29), Kirsch-Streusel-Kuchen (siehe S. 16) und Heidelbeer-Birnen-Crumble (siehe S. 24) ist sie eine willkommene Ergänzung.

Falls Sie eine Siphon-Flasche haben: Sahne, Zucker und Eierlikör glatt rühren (Sahnefestiger wird nicht benötigt), bis sich der Zucker aufgelöst hat. Alles in die Siphon-Flasche füllen, mit einer Gaspatrone laden und beim Servieren auf oder neben den Kuchen sprühen.

Rosmarinkrokant

ca. 15 Min. + Abkühlen • ★ • 12 Personen

Zutaten
1 Zweig Rosmarin, 80 g Haselnussblättchen, 100 g Zucker

1 Den Rosmarin waschen und gründlich trocken tupfen. Die Nadeln abzupfen und fein hacken. Die Haselnussblättchen in der Pfanne ohne Fett hellbraun anrösten und sofort wieder herausnehmen. Den Zucker in der Pfanne hellbraun karamellisieren, Haselnüsse und Rosmarin gründlich unterrühren.

2 Die Haselnuss-Rosmarin-Mischung auf einem mit Backpapier belegten Backblech verteilen und abkühlen lassen. Den abgekühlten Karamell vom Backpapier lösen, in Stücke brechen und mit einem großen Messer grob hacken oder im Blitzhacker grob zermahlen. Bis zum Servieren in einer gut verschlossenen Dose aufbewahren.

TIPP
Der würzige Rosmarinkrokant passt perfekt zu Aprikosenkuchen (siehe S. 28), Pflaumenkuchen (siehe S. 29), Orangen-Olivenöl-Kuchen (siehe S. 32) oder Physalis-Cheesecake (siehe S. 37).

Hibiskuszucker

ca. 5 Min. • ★ • 1 kleines Glas (ca. 125 ml Inhalt)

Zutaten
2 EL getrocknete Hibiskusblüten (aus dem Tee-laden), 1 TL abgeriebene Bio-Zitronenschale, 100 g Zucker

1 Die Hibiskusblüten grob hacken. Dann mit der Zitronenschale und dem Zucker im Blitzhacker sehr fein mahlen.

2 Die Mischung bis zur Verwendung in ein Twist-off-Glas füllen und gut verschließen.

TIPP
Der Hibiskuszucker schmeckt zu Aprikosenkuchen (siehe S. 28), Orangen-Olivenöl-Kuchen (siehe S. 32), Topfen-Grieß-Schmarren (siehe S. 68) oder Oriental Joghurt Pancakes (siehe S. 73).

Schokosplitter

ca. 20 Min. + Abkühlen • ★★ • 12 Personen

Zutaten
100 g Kuvertüre, Fleur de Sel, Sesamsamen oder rosa Pfefferbeeren

1 Die Kuvertüre in Stücke brechen oder hacken und in einer Metallschüssel über dem heißen Was-serbad schmelzen. Falls ein Thermometer vorhan-den ist, die Kuvertüre auf 42 °C erhitzen, danach auf 27 °C abkühlen lassen und erneut erhitzen, diesmal auf etwa 32 °C. Dann bekommt sie einen schönen Glanz. Falls kein Thermometer vorhanden ist, die Kuvertüre bei schwacher Hitze schmelzen.

2 Die Kuvertüre auf ein mit Backpapier belegtes Backblech gießen und durch leichtes Kippen des Blechs in alle Richtungen dünn darauf verteilen. Nach Wunsch mit Fleur de Sel, Sesamsamen oder rosa Pfefferbeeren verzieren und abkühlen und fest werden lassen. Vorsichtig vom Backpapier lösen und in Stücke brechen.

TIPP
Die Schokosplitter sind eine tolle Krönung für die Erdbeer-Holunder-Torte (siehe S. 12), den Physalis-Cheesecake (siehe S. 37) oder die Tonkabohnen-Nusstörtchen (siehe S. 56).

Fitness-Cake mit Heidelbeeren

☞ ca. 25 Min.
25 Min. Backen
1 ½ Std. Kühlen

★★ mittel

6 Personen

1 Das Mehl mit der Speisestärke und dem Backpulver mischen. Die Eier mit 1 EL heißem Wasser in einer Rührschüssel mit den Quirlen des Handrührgeräts schaumig schlagen. Nach und nach 70 g Zucker und den Vanillezucker einrieseln lassen und alles cremig schlagen. Die Mehl-Stärke-Mischung unterheben.

2 Zwei Bögen Backpapier auf Pfannengröße zuschneiden. Die Pfanne erhitzen, ein Backpapier hineinlegen und den Teig gleichmäßig darauf verteilen. Zugedeckt bei schwacher Hitze 20 Minuten backen, bis die Oberfläche beinahe fest ist. Das zweite Backpapier auf den Teig legen, diesen auf einen Teller stürzen und mit dem Backpapier wieder in die Pfanne gleiten lassen. Offen weitere 5 Minuten fertig backen.

3 Das Backpapier von der Oberfläche abziehen, den Biskuitboden auf ein Kuchengitter stürzen und auch das zweite Backpapier entfernen. Den Boden abkühlen lassen.

4 Den abgekühlten Boden in einen Tortenring einspannen. Den Skyr mit dem restlichen Zucker glatt rühren, bis sich der Zucker aufgelöst hat. 2 EL Sofort-Gelatinepulver unterrühren und alles gleichmäßig auf den Biskuitboden streichen. Die Heidelbeeren verlesen, waschen, trocken tupfen und darauf verteilen. Den Smoothie mit dem übrigen Sofort-Gelatinepulver glatt rühren und gleichmäßig darübergießen.

5 Den Kuchen zugedeckt 1½ Stunden kühl stellen. Vorsichtig aus dem Tortenring lösen, in Stücke schneiden und servieren.

ZUTATEN

50 g Mehl

50 g Speisestärke

1 TL Backpulver

2 Eier (Größe M)

120 g Zucker

1 Pck. Bourbon-Vanillezucker

500 g Skyr (traditionelles isländisches Milchprodukt; ersatzweise Magerquark)

1 Pck. Sofort-Gelatine

125 g Heidelbeeren

300 ml gelber Frucht-smoothie (z. B. Mango-Maracuja)

Leicht, fruchtig und cremig

Heidelbeer-Birnen-Crumble

☞ ca. 20 Min.
40 Min. Backen

★★ mittel

4–6 Personen

1 Für die Streusel das Mehl mit den Chiasamen und den Kakao-Nibs mischen. Die Butter in der Pfanne zerlassen, je 1 Prise Salz und Zimtpulver unterrühren. Den Zucker und den Vanillezucker unterrühren, dann die Mehlmischung hinzufügen und alles mit dem Schneebesen zu einem bröseligen Teig verrühren.

2 Die Streusel gleichmäßig in der Pfanne verteilen und zugedeckt bei schwacher bis mittlerer Hitze 15 Minuten backen, dabei alle 5 Minuten durchschwenken. Zum Schluss noch einmal schwenken, den Deckel abnehmen und die Streusel offen 3 Minuten garen. Auf einen Teller umfüllen und die Pfanne säubern.

3 Die Birnen vierteln, schälen und die Kerngehäuse entfernen. Die Viertel längs in dünne Scheiben schneiden. Die Butter in der Pfanne erhitzen und die Birnenscheiben darin bei mittlerer Hitze 5 Minuten dünsten. Den Zucker sowie 1 Prise Zimtpulver hinzufügen und 2 bis 3 Minuten karamellisieren. Den Zitronensaft und den Sekt dazugießen und offen bei starker Hitze 4 bis 5 Minuten einköcheln lassen, bis die Flüssigkeit bräunlich und sirupartig karamellisiert.

4 Die Heidelbeeren verlesen, waschen, trocken tupfen und vorsichtig mit den Birnen mischen. Die Streusel auf dem Obst verteilen und alles zugedeckt bei schwacher Hitze 4 Minuten ziehen lassen. Den Crumble nach Belieben warm, lauwarm oder kalt servieren. Dazu passt Vanilleeis oder Vanillesauce.

ZUTATEN
Für die Streusel:
125 g Mehl
1 EL Chiasamen
1 EL Kakao-Nibs
75 g Butter
Salz
Zimtpulver
80 g Rohrohrzucker
1 Pck. Bourbon-Vanillezucker

Außerdem:
750 g Birnen (z. B. Abate Fetel)
25 g Butter
50 g Rohrohrzucker
Zimtpulver
1 EL Zitronensaft
100 ml Sekt (brut)
125 g Heidelbeeren

Aprikosenkuchen
mit Kokos

Pflaumenkuchen
mit Zimt

Aprikosenkuchen mit Kokos

☞ ca. 20 Min.
25 Min. Backen
30 Min. Abkühlen

★★ mittel

4–6 Personen

ZUTATEN

50 g Butter
80 g Mehl
2 EL Kokosraspel
1 TL Backpulver
2 Eier (Größe L)
Salz
70 g Zucker
1 EL Zitronensaft
1 Dose Aprikosenhälften
(475 g Abtropfgewicht)
300 g Skyr (traditionelles
isländisches Milchprodukt;
ersatzweise Magerquark)

1 Die Butter zerlassen. Das Mehl mit den Kokosraspeln und dem Backpulver mischen. 1 Ei mit 1 Prise Salz in einer Rührschüssel mit den Quirlen des Handrührgeräts schaumig schlagen. 50 g Zucker einrieseln lassen und weiterschlagen, bis die Masse cremig ist. Zunächst die flüssige Butter unterschlagen, dann die Mehl-Kokos-Mischung unterheben und zum Schluss den Zitronensaft unterrühren.

2 Die Aprikosen in ein Sieb abgießen, dabei 50 ml Flüssigkeit auffangen. Die Aprikosen etwas ausdrücken. Den Skyr, die Aprikosenflüssigkeit, den restlichen Zucker und das übrige Ei verrühren. Einen Bogen Backpapier etwas größer als die Pfannengröße zuschneiden. Die Pfanne erwärmen, das Backpapier hineinlegen und den Teig gleichmäßig darauf verteilen. Die Skyr-Creme darauf verteilen und die Aprikosen mit der Wölbung nach oben darauflegen.

3 Den Kuchen zugedeckt bei schwacher Hitze 25 Minuten backen, bis die Oberfläche nahezu fest ist, dabei zweimal den Deckel anheben und das Kondenswasser abwischen. Zugedeckt auf dem ausgeschalteten Herd noch 5 Minuten ziehen lassen.

4 Den Kuchen mithilfe des überstehenden Backpapiers vorsichtig auf ein Kuchengitter ziehen und 30 Minuten abkühlen lassen. In Stücke schneiden und nach Belieben mit Rosmarinkrokant (siehe S. 20) bestreut servieren.

Pflaumenkuchen mit Zimt

☞ ca. 25 Min.
20 Min. Backen
★ einfach
4–6 Personen

ZUTATEN

70 g Butter
600 g große rote oder gelbe Pflaumen
100 g Dinkelmehl (Type 630)
2 Pck. Vanillepuddingpulver
2 TL Backpulver
3 Eier (Göße M)
Salz
125 g Zucker
1 Msp. Zimtpulver

1   In einem kleinen Topf 50 g Butter zerlassen und etwas abkühlen lassen. Die Pflaumen waschen und mit einem Küchentuch trocken reiben, anschließend halbieren und entsteinen. Das Mehl mit dem Puddingpulver und dem Backpulver mischen.

2   Die Eier mit 1 Prise Salz in einer Rührschüssel mit den Quirlen des Handrührgeräts schaumig schlagen. 100 g Zucker nach und nach einrieseln lassen und die Masse cremig schlagen. Zunächst die flüssige Butter, dann die Mehl-Puddingpulver-Mischung unterheben.

3   Die restliche Butter in der Pfanne erhitzen und die Pflaumen darin bei mittlerer Hitze auf der Hautseite 2 Minuten anbraten. Den restlichen Zucker und das Zimtpulver darüberstreuen, die Pflaumen wenden und 3 bis 4 Minuten braten.

4   Die Pflaumen gleichmäßig in der Pfanne verteilen und den Teig so darübergießen, dass alle Pflaumen bedeckt sind. Den Kuchen zugedeckt bei schwacher Hitze 20 Minuten backen, dabei einmal den Deckel anheben und das Kondenswasser abwischen.

5   Den fertigen Kuchen auf einen Teller stürzen und kurz ruhen lassen. Noch warm in Stücke schneiden und servieren. Dazu passt Vanilleeis oder Eierlikörsahne (siehe S. 20).

Bratapfel-Blätterteig-Tarte mit Korinthen

☞ ca. 25 Min.
16 Min. Backen
★★ mittel
4 Personen

1 Die Äpfel waschen, trocken reiben und vierteln. Die Kerngehäuse entfernen und die Apfelviertel in schmale Spalten schneiden. Den Blätterteig entrollen und einen Kreis ausschneiden, der knapp größer ist als der Pfannenboden. Den übrigen Teig anderweitig verwenden. Den Teig mit einer Gabel in gleichmäßigem Abstand mehrmals einstechen.

2 Die Mandelblättchen in der Pfanne ohne Fett hellbraun anrösten und sofort wieder herausnehmen. Die Butter in der Pfanne erhitzen und die Apfelspalten darin 2 bis 3 Minuten andünsten. Den Zucker, den Zitronensaft, die Korinthen, 1 Prise Zimtpulver und ein paar Tropfen Bittermandelaroma dazugeben und 2 bis 3 Minuten in der Pfanne schwenken, bis alles leicht karamellisiert ist. Den Rum dazugießen und anzünden (Vorsicht: große Flamme!). Kurz flambieren, dann die Flamme auspusten und alles auf einen Teller umfüllen. Die Pfanne säubern.

3 Den Blätterteig in die Pfanne geben und zugedeckt bei schwacher bis mittlerer Hitze 4 Minuten auf jeder Seite backen. Wieder herausnehmen. Die Hälfte des Puderzuckers durch ein Sieb gleichmäßig in die Pfanne streuen und karamellisieren lassen. Den Teig wieder hineingeben und kurz karamellisieren, dann wieder herausnehmen. Mit dem restlichen Puderzucker genauso verfahren und den Teig auf der anderen Seite karamellisieren. Den Herd auf schwache Hitze herunterschalten.

4 Die Apfelspalten von der Mitte aus in einem Kreis dachziegelartig auf dem Teig auslegen. Die Korinthen gleichmäßig darauf verteilen und den Kuchen zugedeckt 2 Minuten ziehen lassen. Vorsichtig aus der Pfanne nehmen, mit den Mandelblättchen bestreuen, in Stücke schneiden und lauwarm oder kalt servieren.

ZUTATEN

2 säuerliche Äpfel
(z. B. Boskop)
1 Pck. Blätterteig
(275 g; aus dem Kühlregal)
1 EL Mandelblättchen
20 g Butter
40 g Rohrohrzucker
1 EL Zitronensaft
2 EL Korinthen
Zimtpulver
Bittermandelaroma
5 cl brauner Rum (54 Vol.-%)
2 EL Puderzucker

Und ein Vanilleeis
dazu, mmh...

Orangen-Olivenöl-Kuchen

☞ ca. 25 Min.

25 Min. Backen

★★ mittel

6 Personen

1 Das Olivenöl mit der Milch verrühren und das Mehl mit dem Back-pulver mischen. Die Orange heiß waschen, trocken reiben und die Schale fein abreiben. Die Orange so großzügig schälen, dass auch die weiße Haut komplett entfernt wird. Dann quer in sehr dünne Scheiben schneiden, dabei vorsichtig die Kerne entfernen.

2 Das Ei in einer Rührschüssel mit je 1 Prise Salz und Zimtpulver mit den Quirlen des Handrührgeräts schaumig schlagen. Nach und nach 120 g Zucker einrieseln lassen und die Mischung cremig schlagen. Zunächst die Olivenöl-Milch-Mischung unterrühren, dann die Mehl-Backpulver-Mischung unterheben und zum Schluss die Orangenschale und den Zitronensaft unterrühren.

3 Den restlichen Zucker in der Pfanne hell karamellisieren. Die Oran-genscheiben kurz darin schwenken. Den Rum dazugießen, anzünden (Vorsicht: große Flamme!) und abbrennen lassen. Die Flüssigkeit etwa 2 Minuten fast vollständig verkochen lassen.

4 Den Teig gleichmäßig auf den Orangenscheiben verteilen und zu-gedeckt bei schwacher Hitze 25 Minuten backen, bis er gestockt ist, da-bei zweimal den Deckel anheben und das Kondenswasser abwischen.

5 Den Kuchen mit einem Bogen Backpapier belegen, auf einen Teller stürzen und von dort auf eine Servierplatte gleiten lassen. Warm oder lauwarm servieren, zum Beispiel mit Rosmarinkrokant (siehe S. 20).

ZUTATEN

100 ml natives Olivenöl

60 ml Milch

120 g Mehl

1 TL Backpulver

1 Bio-Orange

1 Ei (Größe L)

Salz

Zimtpulver

130 g Zucker

1 EL Zitronensaft

5 cl brauner Rum (54 Vol.-%)

Zitrus-Kokos-
Kuchen

Physalis-Cheesecake
ohne Boden

Zitrus-Kokos-Kuchen

☞ ca. 25 Min.
ca. 27 Min. Backen
★ einfach
6 Personen

1 Den Joghurt mit 50 ml Limettensaft verrühren. Das Mehl mit dem Backpulver mischen. 80 g Butter mit 1 Prise Salz in einer Rührschüssel mit den Quirlen des Handrührgeräts cremig schlagen. Nach und nach 120 g Zucker einrieseln lassen und weiterrühren, bis sich der Zucker fast aufgelöst hat. Die Eier nacheinander gründlich unterschlagen. Die Mehl-Backpulver-Mischung unterheben und zuletzt die Joghurt-Limetten-saft-Mischung unterrühren.

2 In der Pfanne 20 g Butter erhitzen. Den Teig gleichmäßig in der Pfanne verteilen und zugedeckt bei schwacher Hitze 20 bis 22 Minuten backen, bis die Oberfläche fest ist. Den Kuchen auf einen Teller stürzen, zurück in die Pfanne gleiten lassen und offen 5 Minuten fertigbacken. Dann auf ein Kuchengitter stürzen.

3 Die restliche Butter und den übrigen Zucker in der Pfanne erhitzen und leicht karamellisieren. Die Kokosraspel dazugeben und hellbraun rösten. Den restlichen Limettensaft unterrühren und verkochen lassen. Die Pfanne vom Herd nehmen.

4 Den Lemon Curd in einem kleinen Topf erwärmen und die Kuchen-oberfläche damit bestreichen. Die Kokosstreusel gleichmäßig darauf verteilen und etwas andrücken. Den Zitrus-Kokos-Kuchen abkühlen lassen, in Stücke schneiden und servieren.

ZUTATEN

100 g Naturjoghurt
75 ml Limettensaft
200 g Mehl
2 TL Backpulver
125 g Butter
Salz
170 g Zucker
2 Eier (Größe L)
50 g Kokosraspel
3 EL Lemon Curd (siehe S. 53 oder Fertigprodukt)

Physalis-Cheesecake ohne Boden

☞ ca. 25 Min.
35 Min. Backen
Über Nacht Kühlen
★ einfach
6 Personen

1 Die Physalis entblättern, waschen und abtropfen lassen. Den Frischkäse, den Quark, die Sahne, den Zucker, die Speisestärke, den Zitronensaft und das Ei in einer Rührschüssel mit dem Schneebesen verrühren, bis sich der Zucker aufgelöst hat.

2 Einen Bogen Backpapier auf Pfannengröße zuschneiden. Die Pfanne erhitzen und das Backpapier hineinlegen. Die Frischkäsemasse hineingießen und glatt streichen. Die Physalis gleichmäßig darauf verteilen. Den Cheesecake mit schräg aufgelegtem Deckel bei schwacher Hitze 35 Minuten backen.

3 Die Pfanne vom Herd nehmen und den Cheesecake darin abkühlen lassen. In der Pfanne zugedeckt über Nacht kühl stellen.

4 Am nächsten Tag den Physalis-Cheesecake in Stücke schneiden und direkt aus der Pfanne servieren.

ZUTATEN

200 g Physalis
400 g Frischkäse (Doppelrahmstufe)
125 g Magerquark
100 g Sahne
150 g Zucker
2 EL Speisestärke
2 EL Zitronensaft
1 Ei (Größe L)

Süße Sünden

Schoko,
Karamell
& Co.

Lieblingskuchen

Schokokuchen mit Baiserwölkchen und Himbeeren

☞ ca. 25 Min.

20 Min. Backen

30 Min. Ruhen

★★★ aufwendig

6 Personen

1 In einem Topf 150 g Butter bei schwacher Hitze zerlassen. Das Kakaopulver mit dem Kardamom und dem Zimtpulver mischen. Das Mehl und die Haselnüsse ebenfalls mischen. 1 Ei trennen. Die übrigen Eier und das Eigelb mit 1 Prise Salz in einer Rührschüssel mit den Quirlen des Handrührgeräts leicht schaumig aufschlagen.

2 Nach und nach 180 g Zucker und den Vanillezucker einrieseln lassen und rühren, bis die Masse cremig-fest ist. Zunächst die Kakao-Gewürz-Mischung und die flüssige Butter unterrühren, dann die Mehl-Nuss-Mischung und zum Schluss die Schokotropfen unterheben.

3 Die restliche Butter in der Pfanne erhitzen. Den Teig gleichmäßig darin verteilen und zugedeckt bei schwacher Hitze 10 Minuten backen.

4 Inzwischen das Eiweiß mit 1 Prise Salz zu einem cremigen Schnee schlagen. Nach und nach 60 g Zucker einrieseln lassen und alles zu einer steifen Baisermasse schlagen. Das Baiser mithilfe von zwei Esslöffeln wölkchenartig auf dem Teig verteilen. Den Kuchen zugedeckt 10 Minuten backen und anschließend 30 Minuten auf dem ausgeschalteten Herd ziehen lassen.

5 Die Himbeeren verlesen, waschen und vorsichtig trocken tupfen. 50 g abnehmen und mit dem restlichen Zucker und dem Zitronensaft zu einer Sauce zerdrücken. Den Kuchen vorsichtig aus der Pfanne nehmen und auf eine Kuchenplatte setzen. Die Himbeersauce daraufträufeln und die übrigen Himbeeren auf dem Kuchen verteilen. Lauwarm oder kalt servieren.

ZUTATEN

170 g Butter

80 g Kakaopulver

1 TL gemahlener Kardamom

1 Msp. Zimtpulver

80 g Mehl

100 g gemahlene Haselnüsse

3 Eier (Größe L)

Salz

250 g Rohrrohzucker

2 Pck. Bourbon-Vanillezucker

75 g backstabile Schokotropfen

125 g Himbeeren

2 TL Zitronensaft

Himmlische Kombination

Chocolate Cheesecake mit Beeren

☞ ca. 25 Min.
25 Min. Backen
15 Min. Abkühlen
★★ mittel
4–8 Personen

1 Den Ziegenfrischkäse mit 2 EL Zucker, 1 Päckchen Vanillezucker, 1 EL Zitronensaft, 1 Ei und 1 TL Speisestärke glatt rühren. Die Butter in einem Topf bei schwacher Hitze zerlassen. Das Mehl mit den gemahlenen Mandeln, dem Backpulver und dem Kakaopulver mischen.

2 Die übrigen Eier mit 1 Prise Salz in einer Rührschüssel mit den Quirlen des Handrührgeräts leicht schaumig aufschlagen. Nach und nach 100 g Zucker und den restlichen Vanillezucker einrieseln lassen und rühren, bis die Masse cremig-fest ist. Die Mehl-Kakao-Mischung und die flüssige Butter unterheben.

3 Einen Bogen Backpapier auf Pfannengröße zuschneiden und die Pfanne damit auslegen. Den Teig gleichmäßig in der Pfanne verteilen, die Frischkäsecreme daraufgeben und mit einer Palette leicht einarbeiten. Den Kuchen zugedeckt bei schwacher Hitze 25 Minuten backen.

4 Inzwischen den Fruchtsaft, den Sekt und den restlichen Zitronensaft mit dem übrigem Zucker und der restlichen Speisestärke in einem Topf zu einem glatten Guss verrühren. Einmal aufkochen und kurz dicklich einkochen lassen. Vom Herd nehmen und abkühlen lassen. Die Beeren verlesen, waschen und trocken tupfen.

5 Die Pfanne vom Herd nehmen und den Kuchen darin noch 5 Minuten ziehen lassen. Dann vorsichtig herausheben und lauwarm abkühlen lassen. Den Guss mittig auf den Kuchen geben, die Beeren und die Pecannusskerne darauf verteilen. Nach Belieben mit Puderzucker bestäuben. Den Chocolate Cheesecake lauwarm oder kalt servieren.

ZUTATEN

150 g Ziegenfrischkäse
150 g Rohrohrzucker
2 Pck. Vanillezucker
2 EL Zitronensaft
4 Eier (Gr. L)
3 TL Speisestärke
50 g Butter
130 g Mehl
50 g gemahlene Mandeln
2 TL Backpulver
1 EL Kakaopulver
Salz
150 g roter Fruchtsaft
(z. B. Multivitaminsaft oder Superfruchtsaft)
100 ml Sekt (brut)
125 g Himbeeren
125 g Heidelbeeren
50 g Pecannusskerne

Matcha-Schoko-Torte

☞ ca. 35 Min.
25 Min. Backen
2 Std. Kühlen
★★★ aufwendig
6–12 Personen

1 Das Mehl mit dem Backpulver und dem Kakaopulver mischen. Die Eier in einer Rührschüssel mit den Quirlen des Handrührgeräts schaumig schlagen. Nach und nach 70 g Zucker einrieseln lassen und die Masse cremig schlagen. Die Mehl-Kakao-Mischung unterheben.

2 Zwei Bögen Backpapier auf Pfannengröße zuschneiden. Die Pfanne erhitzen, ein Backpapier hineinlegen und den Teig gleichmäßig darauf verteilen. Zugedeckt bei schwacher Hitze 20 Minuten backen, bis die Oberfläche beinahe fest ist. Das zweite Backpapier auf den Teig legen, diesen auf einen Teller stürzen und mit dem Backpapier wieder in die Pfanne gleiten lassen. Offen 5 Minuten fertig backen. Das Backpapier abziehen, den Biskuitboden auf ein Kuchengitter stürzen und das zweite Backpapier ebenfalls entfernen. Den Boden abkühlen lassen.

3 Die Gelatine in einer kleinen Schüssel in kaltem Wasser 10 Minuten einweichen. Den Skyr mit dem restlichem Zucker und dem Matchapulver glatt rühren. Die Sahne in einem hohen Rührbecher steif schlagen. Die Gelatine mit den Händen gut ausdrücken und mit dem Zitronensaft in einem Topf unter Rühren erwärmen, bis sie sich aufgelöst hat. 1 EL Skyr-Creme unterrühren, dann diese Mischung unter die restliche Creme rühren. Die Sahne unterheben. Den abgekühlten Boden in einen Tortenring einspannen und die Creme gleichmäßig darauf verstreichen.

4 Den Puderzucker sieben. Die Schokolade hacken und in einem Topf mit der Kakaobutter bei schwacher Hitze schmelzen. Den Puderzucker und den Honig unterrühren. Den Schokoguss gleichmäßig auf der Creme verteilen und die Torte zugedeckt 2 Stunden kühl stellen. Den Guss nach Belieben mit etwas Matchapulver bestäuben. Die Torte in Stücke schneiden und servieren.

ZUTATEN

100 g Mehl
1 TL Backpulver
1 EL Kakaopulver
2 Eier (Größe L)
140 g Zucker
5 Blatt weiße Gelatine
300 g Skyr (traditionelles isländisches Milchprodukt; ersatzweise Magerquark)
10 g Matchapulver
200 g kalte Sahne
1 EL Zitronensaft
30 g Puderzucker
100 g Bitterschokolade (90 % Kakaoanteil)
50 g Kakaobutter
1 EL Honig

Trendig, verrückt und superlecker!

Zebrakuchen
mit Eierlikör

Bunter
Einhornkuchen

Zebrakuchen mit Eierlikör

☞ ca. 15 Min.
25 Min. Backen

★ einfach

4–6 Personen

1 Das Mehl mit dem Backpulver mischen. Die Butter mit 1 Prise Salz in einer Rührschüssel mit den Quirlen des Handrührgeräts cremig schlagen, dabei nach und nach 100 g Zucker einrieseln lassen. Weiterrühren, bis sich der Zucker fast vollständig aufgelöst hat. Die Eier nacheinander unterschlagen, dann den Eierlikör unterrühren und zuletzt die Mehl-Backpulver-Mischung unterheben.

2 Die Hälfte des Teigs abnehmen und mit dem Kakaopulver, dem restlichen Zucker und 3 EL Milch glatt rühren. Unter beide Teige noch so viel Milch rühren, dass sie zähflüssig sind.

3 Einen Bogen Backpapier auf Pfannengröße zuschneiden und die Pfanne damit auslegen. 3 EL hellen Teig in die Mitte der Pfanne geben, darauf 3 EL dunklen Teig geben. So fortfahren, bis der Teig verbraucht ist. Dabei läuft der Teig langsam nach außen zum Rand und es entsteht das Zebramuster. Den Kuchen zugedeckt bei schwacher Hitze 25 Minuten backen, dabei den Deckel zweimal anheben und das Kondenswasser abwischen. Die Pfanne vom Herd nehmen und den Kuchen 5 Minuten ziehen lassen.

4 Den Kuchen mit einem Bogen Backpapier belegen und auf einen Teller stürzen. Das Backpapier abziehen, den Kuchen auf ein Kuchengitter stürzen, das zweite Backpapier ebenfalls entfernen und den Kuchen abkühlen lassen. In Stücke schneiden und servieren, am besten mit Eierlikörsahne (siehe S. 20).

ZUTATEN

150 g Mehl
2 TL Backpulver
100 g weiche Butter
Salz
100 g + 1 EL Zucker
2 Eier (Größe L)
5 cl Eierlikör
2 EL Kakaopulver
5–7 EL Milch

Bunter Einhornkuchen

☞ ca. 25 Min.
25 Min. Backen
1 Std. Kühlen
★★ mittel
6 Personen

ZUTATEN

170 g Mehl
2 TL Backpulver
200 g weiche Butter
Salz
100 g Zucker
1 Pck. Bourbon-Vanillezucker
2 Eier (Gr. L)
rosa, blaue oder violette
Back- und Speisefarbe
80 g Puderzucker
100 g Frischkäse (Doppel-
rahmstufe)
Zuckerdekor (z. B. Perlen,
Sterne, Einhörner) in Rosa,
Weiß, Hellblau und Violett

1 Das Mehl mit dem Backpulver mischen. 120 g Butter mit 1 Prise Salz in einer Rührschüssel mit den Quirlen des Handrührgeräts cremig schlagen. Nach und nach den Zucker und den Vanillezucker einrieseln lassen und weiterrühren, bis sich der Zucker fast vollständig aufgelöst hat. Die Eier nacheinander unterschlagen. Zuletzt die Mehl-Backpulver-Mischung portionsweise unterrühren. Den Teig halbieren und jede Portion mit Speisefarbe nach Packungsanweisung rosa bzw. violett oder türkis einfärben.

2 Zwei Bögen Backpapier auf Pfannengröße zuschneiden. Die Pfanne erhitzen, ein Backpapier hineinlegen und beide Teige abwechselnd in die Pfanne klecksen, bis ein buntes Muster entstanden und der Teig gleichmäßig in der Pfanne verteilt ist. Beide Teige mit einer Gabel noch etwas ineinanderziehen.

3 Den Teig zugedeckt bei schwacher Hitze 25 Minuten backen, bis die Oberfläche fest ist. Die Pfanne vom Herd nehmen und den Kuchen 5 Minuten ziehen lassen. Mit dem zweiten Backpapier belegen und auf einen Teller stürzen. Das Backpapier von der Oberfläche abziehen, den Kuchen auf ein Kuchengitter stürzen und abkühlen lassen.

4 Den Puderzucker sieben. Die restliche Butter mit dem Frischkäse in einer Rührschüssel mit den Quirlen des Handrührgeräts cremig schlagen. Nach und nach den Puderzucker einrieseln lassen und rühren, bis eine feste Creme entstanden ist. Das Frosting auf den abgekühlten Kuchen streichen. 1 Stunde zugedeckt kühl stellen. Den Kuchen mit dem Zuckerdekor bestreuen, in Stücke schneiden und servieren.

Erdbeer-Frosting

Vanille-Frosting

Lemon Curd

Schoko-
Buttercreme

Vanille-Frosting

ca. 15 Min. • ★ • Für 1 Kuchen

Zutaten
400 g Puderzucker, 200 g weiche Butter,
2 Pck. Bourbon-Vanillearoma, Salz, 2 EL Milch

1   Den Puderzucker sieben. Die weiche Butter mit dem Vanillearoma und 1 Prise Salz in einer Rührschüssel mit den Quirlen des Handrührgeräts schaumig schlagen. Nach und nach den Zucker unterschlagen, bis eine eher trocken wirkende Creme entstanden ist.

2   Nach Belieben ein paar Tropfen Lebensmittelfarbe unterrühren. Die Milch esslöffelweise unterrühren, bis eine glatte Creme entstanden ist.

TIPP
Das Frosting ist ein idealer Belag für Biskuit- oder Rührteigböden. Danach einfach mit Früchten toppen, beispielsweise mit Beeren oder Physalis, oder mit Schokoflocken oder Krokant bestreuen. Fein schmeckt es auch zu der Beerengrütze von S. 81.

Erdbeer-Frosting

ca. 25 Min. + Abkühlen • ★ • Für 1 Kuchen

Zutaten
150 g Erdbeeren, 400 g Puderzucker,
200 g weiche Butter, Salz

1   Die Erdbeeren waschen, putzen, trocken tupfen und klein schneiden. Mit dem Stabmixer fein pürieren und durch ein Sieb streichen. Das Erdbeerpüree in einem Topf aufkochen und bei mittlerer Hitze etwa 10 Minuten auf die Hälfte einköcheln lassen, dabei immer wieder umrühren. Vom Herd nehmen und abkühlen lassen.

2   Den Puderzucker sieben. Die weiche Butter mit 1 Prise Salz in einer Rührschüssel mit den Quirlen des Handrührgeräts schaumig schlagen. Ein Viertel des Puderzuckers unterschlagen, dann ein Viertel des Erdbeerpürees unterrühren. So fortfahren, bis alle Zutaten aufgebraucht sind und eine glatte Creme entstanden ist.

TIPP
Das Frosting kann die Holundercreme bei der Erdbeer-Holunder-Torte (siehe S. 12) ersetzen und sorgt so für noch mehr Erdbeer-Power!

Lemon Curd

ca. 20 Min. + Abkühlen • ★ • 1 Glas (ca. 330 ml Inhalt)

Zutaten

1 Bio-Zitrone, 100–120 ml Zitronensaft,
100 g Rohrohrzucker, 100 g weißer Zucker,
2 Eier (Größe L), 60 g Butter

1 Die Zitrone heiß waschen und trocken reiben, die Schale abreiben und den Saft auspressen. Den Saft mit dem Zitronensaft auf 150 ml auffüllen.

2 Den Zitronensaft und die -schale in einem Topf mit beiden Zuckersorten, den Eiern und der Butter verrühren und unter Rühren langsam aufkochen. Offen bei schwacher Hitze 4 Minuten köcheln lassen, dabei immer wieder umrühren.

3 Den Topf vom Herd nehmen und den Lemon Curd in ein sauberes Twist-off-Glas füllen. Das Glas verschließen und den Lemon Curd abkühlen lassen.

TIPP

Lemon Curd ist ein wichtiger Aromaspender für den Zitrus-Kokos-Kuchen (siehe S. 36). Im Verhältnis 1 : 2 mit Schlagsahne verrührt, ergibt er eine leckere Füllung für Biskuitböden. 1 bis 2 Esslöffel verleihen auch dem Vanille-Frosting (siehe linke Seite) ein zitroniges Aroma.

Schoko-Buttercreme

ca. 25 Min. + Abkühlen • ★ • Für 1 Kuchen

Zutaten

200 g Zartbitterschokolade, 100 g Sahne,
70 g Puderzucker, 250 g weiche Butter, Salz,
1 Pck. Bourbon-Vanillezucker

1 Die Schokolade grob hacken und in eine Metallschüssel geben. Die Sahne in einem Topf aufkochen und über die gehackte Schokolade gießen. Die Schokolade in der Sahne unter Rühren schmelzen. Beiseitestellen und handwarm abkühlen lassen.

2 Den Puderzucker sieben. Die weiche Butter mit 1 Prise Salz in einer Rührschüssel mit den Quirlen des Handrührgeräts schaumig schlagen. Den Puderzucker und den Vanillezucker nach und nach unterrühren und die Mischung cremig schlagen.

3 Die Schokolade nach und nach unterrühren und weiterschlagen, bis eine glänzende Creme entstanden ist. 10 Minuten zugedeckt kühl stellen.

TIPP

Die Schoko-Buttercreme kann bei den Tonkabohnen-Nusstörtchen (siehe S. 56) das Nussnugat-Frosting ersetzen und bei der Matcha-Schoko-Torte (siehe S. 44) die Matchacreme.

Banana Peanut Cake mit Karamell-Topping

ca. 20 Min.

20 Min. Backen

★★ mittel

6 Personen

1 Zuerst 1 Banane schälen und in Scheiben schneiden. Mit dem Erdnussmus und dem Zitronensaft fein pürieren. Das Mehl mit dem Backpulver mischen. Die Eier mit 1 Prise Salz in einer Rührschüssel mit den Quirlen des Handrührgeräts leicht schaumig aufschlagen. Nach und nach 100 g Zucker einrieseln lassen und weiterrühren, bis eine cremig-feste Masse entstanden ist. Abwechselnd die Mehl-Backpulver-Mischung und die Erdnussmus-Bananen-Mischung unterheben, zuletzt die Schokotropfen unterheben.

2 Die Butter in der Pfanne erhitzen. Den Teig gleichmäßig in der Pfanne verteilen und zugedeckt bei schwacher bis mittlerer Hitze 15 Minuten backen. Den Teig mithilfe eines Tellers wenden, zurück in die Pfanne gleiten lassen und weitere 5 Minuten backen. Dann vorsichtig auf eine Servierplatte gleiten lassen.

3 Die übrige Banane schälen und in dünne Scheiben schneiden. Den restlichen Zucker in einem Topf karamellisieren. Die Sahne dazugießen und rühren, bis ein glatter Karamell entstanden ist. Die Bananenscheiben und die Erdnüsse hineingeben und etwa 2 Minuten karamellisieren. Den Bananen-Erdnuss-Karamell gleichmäßig auf dem Kuchen verteilen. Noch lauwarm servieren.

ZUTATEN

2 Bananen

50 g Erdnussmus

1 EL Zitronensaft

170 g Mehl

2 TL Backpulver

3 Eier (Größe L)

Salz

180 g Rohrohrzucker

75 g backstabile Schokotropfen

20 g Butter

100 g zimmerwarme Sahne

100 g gesalzene Erdnusskerne

Besser als jeder Schokoriegel!

Tonkabohnen-Nusstörtchen

☞ ca. 30 Min.

ca. 32 Min. Backen

30 Min. Abkühlen

★★★ aufwendig

4 Stück

ZUTATEN

50 g Vollmilchschokolade

20 g Pecannusskerne

1 Banane

125 g Mehl

1 TL Backpulver

1 Ei (Größe L)

100 ml Öl

90 g Zucker

Salz

Tonkabohne

2 EL Naturjoghurt

Butter und Mehl für die Dessertringe

200 g kalte Sahne

3 EL Kakaopulver

125 g Nussnugatcreme

4 EL Haselnusskrokant

1 Die Schokolade und die Pecannüsse grob hacken. Die Banane schälen und mit einer Gabel fein zerdrücken. Das Mehl mit dem Backpulver mischen. Das Ei, das Öl, 80 g Zucker, 1 Prise Salz und etwas fein geriebene Tonkabohne in einer Rührschüssel mit den Quirlen des Handrührgeräts 2 Minuten rühren, bis sich der Zucker fast vollständig aufgelöst hat. Zuerst die Mehl-Backpulver-Mischung, dann den Joghurt und die Banane und zum Schluss die Schokolade und die Nüsse unterheben.

2 Die Innenseiten von vier Dessertringen (à etwa 4 cm Durchmesser) mit Butter einfetten und mit Mehl bestäuben, überschüssiges Mehl abklopfen. Aus einem Bogen Backpapier acht Kreise ausschneiden (etwas größer als die Dessertringe), vier Kreise in die Pfanne legen und die Ringe darauf platzieren. Den Teig gleichmäßig auf die Dessertringe verteilen und zugedeckt bei schwacher Hitze 25 Minuten backen.

3 Inzwischen die Sahne mit dem restlichen Zucker und 1 Prise Salz in einem hohen Rührbecher mit den Quirlen des Handrührgeräts steif schlagen. Das Kakaopulver unterschlagen und die Nussnugatcreme unterrühren. Die Nugatsahne kühl stellen.

4 Den Deckel von der Pfanne nehmen, die übrigen Backpapierkreise auf die Dessertringe legen und diese vorsichtig wenden. Die Törtchen offen etwa 7 Minuten fertigbacken. Herausnehmen und auf einem Kuchengitter 10 Minuten abkühlen lassen. Aus den Ringen lösen und vollständig abkühlen lassen.

5 Die Törtchen mithilfe einer Palette rundum gleichmäßig mit der Nugatsahne bestreichen. Mit dem Krokant bestreuen und servieren.

Carrot Cake mit White Choc Frosting

☞ ca. 30 Min.
ca. 33 Min. Backen
1–2 Std. Kühlen
★★ mittel
6 Personen

1 Die Möhren putzen, schälen und fein raspeln. 50 g Schokolade fein hacken. Das Mehl mit der gehackten Schokolade, den Mandeln, der Speisestärke, dem Backpulver, dem Zimt- und dem Ingwerpulver in einer Schüssel gut vermischen.

2 In einer Rührschüssel 100 g Butter mit 1 Prise Salz mit den Quirlen des Handrührgeräts cremig schlagen. Nach und nach den Zucker und den Vanillezucker einrieseln lassen und schlagen, bis sich der Zucker fast vollständig aufgelöst hat. Die Eier nacheinander unterschlagen. Die Hälfte der Mehl-Mandel-Mischung, dann die Möhrenraspel und zum Schluss die restliche Mehl-Mandel-Mischung unterheben.

3 In der Pfanne 20 g Butter erhitzen. Den Teig gleichmäßig darin verteilen und zugedeckt bei schwacher Hitze etwa 28 Minuten backen, bis die Oberfläche gestockt ist. Auf einen Teller stürzen, zurück in die Pfanne gleiten lassen und offen 5 Minuten fertigbacken. Den Kuchen auf ein Kuchengitter stürzen und abkühlen lassen.

4 Den Puderzucker sieben und die übrige Schokolade hacken. Die restliche Butter zerlassen, die Schokolade darin schmelzen und die Mischung handwarm abkühlen lassen. Mit den Quirlen des Handrührgeräts glatt rühren, dabei den Puderzucker einrieseln lassen. Zuletzt den Frischkäse und den Zitronensaft unterrühren. Das Frosting wellenförmig auf den Kuchen streichen. Sofort servieren oder – für ein festeres Frosting – 1 bis 2 Stunden kühl stellen.

ZUTATEN

200 g Möhren
150 g weiße Blockschokolade
150 g Mehl
100 g gemahlene Mandeln
50 g Speisestärke
1 Pck. Backpulver
½ TL Zimtpulver
½ TL Ingwerpulver
170 g weiche Butter
Salz
150 g Rohrohrzucker
1 Pck. Bourbon-Vanillezucker
4 Eier (Größe M)
100 g Puderzucker
100 g Frischkäse (Doppelrahmstufe)
1 EL Zitronensaft

Macadamia White Choc Cookie Cake

ca. 15 Min.
ca. 28 Min. Backen
1 Std. Abkühlen

★ einfach

6 Personen

1 Die Butter in einem kleinen Topf zerlassen und etwas abkühlen lassen. Das Mehl mit dem Backpulver mischen. Die Nüsse und die Schokolade grob hacken.

2 Die flüssige Butter, alle drei Zuckersorten, das Kakaopulver und 1 Prise Salz in einer Rührschüssel mit den Quirlen des Handrührgeräts rühren, bis sich der Zucker fast vollständig aufgelöst hat. Das Ei unterschlagen und die Masse etwa 2 Minuten cremig schlagen. Die Mehl-Backpulver-Mischung mit einem Holzlöffel unterrühren, zuletzt je die Hälfte der Nüsse und der Schokolade unterheben.

3 Den Teig in der Pfanne verstreichen, sodass rundum ein etwa 2 cm breiter Rand frei bleibt. Die restlichen Nüsse und die übrige Schokolade darauf verteilen und ganz leicht hineindrücken. Den Kuchen zugedeckt bei schwacher Hitze etwa 28 Minuten backen, bis die Oberseite fest und die Unterseite leicht gebräunt ist. Vom Herd nehmen und in der Pfanne 1 Stunde abkühlen lassen.

4 Den Cookie Cake auf einen Teller stürzen, dann auf eine Servierplatte stürzen. In Stücke schneiden oder brechen und servieren.

ZUTATEN

80 g Butter
120 g Mehl
1 TL Backpulver
80 g gesalzene Macadamia-nusskerne
60 g weiße Schokolade
70 g Vollrohrzucker
50 g weißer Zucker
1 Pck. Bourbon-Vanillezucker
1 TL Kakaopulver
Salz
1 Ei (Größe M)

hohes Suchtpotenzial!

Glühwein-Schokoladenkuchen

☞ ca. 15 Min.

25 Min. Backen

30 Min. Ruhen

★★ mittel

6 Personen

ZUTATEN

130 g Mehl

2 TL Backpulver

1 TL Glühweingewürz

1 EL Kakaopulver

100 g dunkle Block-
schokolade

125 g Butter

2 Eier (Größe L)

Salz

90 g Zucker

1 Pck. Bourbon-Vanillezucker

75 ml + 2–3 EL trockener
Rotwein

150 g Puderzucker

rote und blaue Back- und
Speisefarbe

1 Das Mehl mit dem Backpulver, dem Glühweingewürz und dem Kakaopulver mischen. Die Schokolade grob hacken. 100 g Butter in einem Topf zerlassen.

2 Die Eier mit 1 Prise Salz in einer Rührschüssel mit den Quirlen des Handrührgeräts schaumig schlagen. Nach und nach den Zucker und den Vanillezucker einrieseln lassen und 3 bis 4 Minuten cremig schlagen. Die flüssige Butter unterschlagen, dann nacheinander die Mehl-Kakaopulver-Mischung und 75 ml Wein unterrühren. Zum Schluss die gehackte Schokolade unterheben.

3 Die restliche Butter in der Pfanne erhitzen, den Teig gleichmäßig in der Pfanne verteilen und glatt streichen. Zugedeckt bei schwacher Hitze 25 Minuten backen, dabei den Deckel ein- bis zweimal anheben und das Kondenswasser abwischen. Den Kuchen auf ein Kuchengitter stürzen und abkühlen lassen.

4 Den Puderzucker mit dem restlichen Wein und der Speisefarbe zu einem violetten, glatten Zuckerguss verrühren. Über den Kuchen gießen und etwa 30 Minuten fest werden lassen. Den Kuchen in Stücke schneiden und servieren.

TIPP

Keine Lust auf bunten Zuckerguss? Dann bestäuben Sie den Kuchen vor dem Servieren einfach mit Puderzucker. Vor dem Bestäuben können Sie nach Belieben eine Kuchenschablone, beispielsweise mit weihnachtlichen Motiven, auf den Kuchen legen.

KAPITEL

3

fluffige

Träume

Schmarren, Crêpes & Co.

Lieblingskuchen

Mohn-Joghurt-Schmarren mit Erdbeeren

☞ ca. 35 Min.
ca. 24 Min. Backen

★ einfach

2 Personen

1 Das Mehl mit dem Backpulver mischen. Die Eier trennen. Die Eiweiße mit 1 Prise Salz in einem hohen Rührbecher mit den Quirlen des Handrührgeräts zu steifem Schnee schlagen. 200 g Joghurt, das Öl, den Zucker, den Mohn, ein paar Tropfen Bittermandelaroma und 1 Prise Salz verrühren, bis sich der Zucker aufgelöst hat. Die Eigelbe unterrühren, dann die Mehl-Backpulver-Mischung untermischen und zuletzt den Eischnee unterheben.

2 In der Pfanne 1 EL Butter erhitzen und die Teigmasse darin verteilen. Zugedeckt bei schwacher Hitze 20 Minuten backen, bis die Unterseite gebräunt ist.

3 Die Erdbeeren waschen, putzen, trocken tupfen und halbieren oder vierteln. Den Teig vierteln, wenden und offen bei mittlerer Hitze 3 bis 4 Minuten fertig backen, dabei die restliche Butter dazugeben.

4 Den Teig mit dem Pfannenwender oder mit zwei Gabeln in mundgerechte Stücke teilen. 1 EL Puderzucker darübersieben und leicht karamellisieren, dabei die Stücke mehrmals wenden. Den Schmarren in einer Schüssel mit den Erdbeeren mischen. Den restlichen Joghurt nach Belieben leicht süßen und auf vier tiefe Teller häufen. Die Schmarren-Erdbeer-Mischung darauf anrichten. Mit dem restlichen Puderzucker bestäuben und warm servieren.

ZUTATEN

100 g Mehl
2 TL Backpulver
2 Eier (Gr. M)
Salz
400 g griechischer Joghurt
50 ml Öl
50 g Zucker
30 g Dampfmohn (gemahlene, gedämpfte Mohnsamen)
Bittermandelaroma
1½ EL Butter
200 g Erdbeeren
3 EL Puderzucker

Topfen-Grieß-Schmarren

ca. 40 Min.
ca. 22 Min. Backen
★★ mittel
4 Personen

1 Einen Topf mit Wasser ausspülen. Die Milch, den Grieß, den Zucker und 1 Prise Salz darin aufkochen. Unter Rühren bei mittlerer Hitze 2 bis 3 Minuten dicklich einkochen lassen. Den Topf vom Herd nehmen und den Grieß offen 5 Minuten quellen lassen.

2 Inzwischen 2 Eier trennen, die Eiweiße mit 1 Prise Salz in einem hohen Rührbecher mit den Quirlen des Handrührgeräts zu steifem Schnee schlagen. Den Quark und die Zitronenschale unter den Grieß rühren. Nacheinander die Eigelbe, das übrige Ei und die Speisestärke unterrühren. Zum Schluss den Eischnee unterheben.

3 In der Pfanne 1 EL Butter erhitzen und die Teigmasse darin verteilen. Zugedeckt bei schwacher Hitze 12 Minuten backen, bis die Unterseite gebräunt ist. Den Teig vierteln, wenden und zugedeckt 8 bis 10 Minuten fertig backen, dabei die restliche Butter dazugeben.

4 Den Teig mit dem Pfannenwender oder mit zwei Gabeln in Stücke teilen. Eine Hälfte aus der Pfanne nehmen und beiseitestellen. 1 EL Puderzucker sieben und über die Portion in der Pfanne geben. Den Schmarren leicht karamellisieren, dabei die Stücke mehrmals wenden. Den Schmarren zum Warmhalten in eine Schüssel umfüllen und diese mit einem Teller bedecken. Den restlichen Schmarren in die Pfanne geben und ebenfalls mit 1 EL Puderzucker karamellisieren.

5 Den Topfen-Grieß-Schmarren auf Teller verteilen, mit dem übrigen Puderzucker bestäuben und servieren. Nach Belieben mit Beerengrütze oder Marillenröster (siehe S. 81) servieren.

ZUTATEN

300 ml Milch
100 g Weichweizengrieß
3 EL Zucker
Salz
3 Eier (Größe M)
125 g Magerquark
abgeriebene Schale von
1 Bio-Zitrone
2 EL Speisestärke
1½ EL Butter
6 EL Puderzucker

Schaumomelett
mit fruchtiger Füllung

Oriental
Joghurt Pancakes

Schaumomelett mit fruchtiger Füllung

☞ ca. 20 Min.
   ca. 8 Min. Backen

★ einfach

1 Person

1 Die Eier trennen und die Eiweiße mit 1 Prise Salz in einem hohen Rührbecher mit den Quirlen des Handrührgeräts zu steifem Schnee schlagen. Die Eigelbe in einer Rührschüssel leicht cremig schlagen. Nach und nach den Zucker, den Vanillezucker und 1 Prise Zimtpulver einrieseln lassen und die Masse hellcremig schlagen. Zuerst das Mehl und dann den Eischnee unterheben.

2 Die Butter in der Pfanne erhitzen und die Teigmasse darin verteilen. Zugedeckt bei schwacher bis mittlerer Hitze 5 Minuten backen. Die Beerengrütze oder Kirschgrütze darauf verteilen und das Schaumomelett offen weitere 2 bis 3 Minuten backen, bis die Unterseite leicht gebräunt ist, die Oberfläche soll noch schaumig sein.

3 Das Schaumomelett zusammenklappen und auf einen Teller geben. Mit dem Puderzucker bestäuben und servieren.

ZUTATEN

2 Eier (Größe L)
Salz
2 EL Zucker
1 Pck. Bourbon-Vanillezucker
Zimtpulver
2 EL Mehl
1 EL Butter
100 g Beerengrütze (siehe S. 81) oder Kirschgrütze (Fertigprodukt)
2 EL Puderzucker

Oriental Joghurt Pancakes

ca. 30 Min.
Über Nacht Abtropfen
ca. 8 Min. Backen

★★ mittel

4 Personen

ZUTATEN

800 g griechischer Joghurt

150 g Mehl

1 TL Backpulver

1 TL Natron

½ TL gemahlener Kardamom

½ TL Zimtpulver

½ TL Ingwerpulver

3 Eier (Größe M)

Salz

3 EL Zucker

6 EL Öl

6 EL Honig

1 EL Zitronensaft

1 EL Rosenwasser (aus der Apotheke)

6 Feigen

2 EL gehackte Pistazien

1 Am Vortag ein Sieb mit einem Küchentuch auslegen und über eine Schüssel hängen. 500 g Joghurt hineingeben und zugedeckt im Kühlschrank über Nacht abtropfen lassen.

2 Am nächsten Tag das Mehl mit dem Backpulver, dem Natron und den gemahlenen Gewürzen mischen. Die Eier mit 1 Prise Salz in einer Rührschüssel mit den Quirlen des Handrührgeräts schaumig schlagen. Den Zucker unterschlagen, bis die Masse cremig ist. Dann abwechselnd portionsweise die Mehl-Backpulver-Mischung, den übrigen Joghurt und 3 EL Öl unterheben. Den Teig 15 Minuten quellen lassen.

3 Inzwischen den abgetropften Joghurt in eine Schüssel umfüllen und mit 2 EL Honig, dem Zitronensaft und dem Rosenwasser verrühren. Die Feigen waschen und trocken reiben, die Stielansätze entfernen und die Früchte in dünne Scheiben schneiden.

4 In zwei Pfannen je 1½ EL Öl erhitzen. Die Hälfte des Teigs in je drei Häufchen in ausreichendem Abstand in die Pfannen geben und bei mittlerer Hitze auf jeder Seite 2 Minuten goldbraun braten. Herausnehmen und kurz auf Küchenpapier abtropfen lassen. Die zweite Portion genauso backen.

5 Auf vier Teller je 1 Pancake legen, je 1 Klecks Joghurtcreme daraufgeben und mit Feigenscheiben belegen. So fortfahren, bis alle Pancakes gestapelt sind. Den restlichen Honig leicht erwärmen und über die Pancakes träufeln. Mit den gehackten Pistazien bestreuen und servieren.

Mokka-Crêpes-Torte

☞ ca. 40 Min.
  ca. 30 Min. Backen
  ca. 30 Min. Kühlen

★★★ aufwendig

6–12 Personen

1 Den Espresso abkühlen lassen. Die Butter in einem Topf zerlassen. Die Milch, das Mehl und 1 Prise Salz in einer Schüssel glatt rühren. Zunächst die Eier, dann die Butter, 1 EL Zucker und ein paar Tropfen Bittermandelaroma unterrühren. Den Teig 10 Minuten quellen lassen.

2 Die Sahne in einem hohen Rührbecher mit den Quirlen des Handrührgeräts steif schlagen und zugedeckt kühl stellen. In einer großen Schüssel den Mascarpone und den Quark mit 150 g Zucker und etwas Bittermandelaroma verrühren. Den abgekühlten Espresso unterrühren. Die Butterkekse und die Amarettini portionsweise im Blitzhacker zermahlen und mischen.

3 Aus dem Teig 5 Crêpes backen. Dafür jeweils etwas Butter in der Pfanne erhitzen, eine knappe Suppenkelle Teig hineingeben und durch Schwenken gleichmäßig verteilen. Bei mittlerer Hitze etwa 3 Minuten backen, wenden, 2 bis 3 Minuten fertigbacken und herausnehmen. Die übrigen Crêpes genauso backen und abkühlen lassen.

4 Sobald die Crêpes abgekühlt sind, die Creme fertigstellen. Dafür die Sahne unter die Espressocreme heben und das Gelatinepulver unterrühren. 1 Crêpe auf eine Kuchenplatte legen und mit einem Fünftel der Creme bestreichen. 1 EL Keksbrösel abnehmen und beiseitelegen. Die Creme mit einem Viertel der restlichen Keksbrösel bestreuen und mit Kakaopulver bestäuben. Mit 1 Crêpe belegen und so fortfahren, bis alle Crêpes geschichtet sind. Die restliche Creme daraufstreichen.

5 Die Torte zugedeckt 1 Stunde kühl stellen. Mit den restlichen Keksbröseln bestreuen und mit den Schoko-Mokkabohnen garnieren. In Stücke schneiden und servieren.

ZUTATEN

150 ml Espresso
30 g Butter
¼ l Milch
125 g Mehl
Salz
2 Eier (Größe L)
1 EL + 150 g Zucker
Bittermandelaroma
200 g kalte Sahne
500 g Mascarpone
250 g Magerquark
50 g Butterkekse
50 g Amarettini
Butter zum Backen
1 Pck. Sofort-Gelatine
60–70 g Kakaopulver
Schoko-Mokkabohnen zum Garnieren

Die süße Schwester
vom Tiramisu

Nugat-Crêpes mit Brombeerkompott

☞ ca. 45 Min.
ca. 24 Min. Backen
★★ mittel
4 Personen

1 Für das Brombeerkompott die Brombeeren verlesen, waschen und trocken tupfen. 100 g Brombeeren abnehmen und mit dem Wein, dem Zucker, der Speisestärke und dem Zitronensaft mit dem Stabmixer pürieren. Die Mischung aufkochen und bei mittlerer Hitze 4 bis 5 Minuten dicklich einkochen lassen. Die übrigen Brombeeren hinzufügen, wieder aufkochen und 1 bis 2 Minuten kochen lassen. Dann vom Herd nehmen und abkühlen lassen.

2 Für die Crêpes die Butter in einem Topf zerlassen. In einer Schüssel die Milch, das Mehl und 1 Prise Salz glatt rühren. Zunächst die Eier, dann die flüssige Butter und den Zucker unterrühren. Den Teig 10 Minuten quellen lassen. Den Nugat in 4 Scheiben schneiden.

3 Aus dem Teig 4 Crêpes backen. Dafür jeweils etwas Butter in der Pfanne erhitzen, eine knappe Suppenkelle Teig in die Pfanne geben und durch Schwenken gleichmäßig verteilen. Bei mittlerer Hitze etwa 3 Minuten backen, wenden, 2 bis 3 Minuten fertigbacken und herausnehmen. Je 1 Scheibe Nugat darauflegen und den Crêpe zweimal zusammenfalten. 3 weitere Crêpes genauso backen und füllen.

4 Die Pfanne säubern und die Haselnussblättchen darin ohne Fett hellbraun anrösten und sofort herausnehmen. Die Crêpes wieder in die Pfanne legen und kurz erwärmen. Auf Teller verteilen, mit etwas Puderzucker bestäuben und mit den Haselnussblättchen bestreuen. Das Vanilleeis darauf anrichten und das Brombeerkompott dazu servieren.

ZUTATEN
Für das Brombeerkompott:
400 g Brombeeren
150 ml trockener Weißwein
(z. B. Riesling)
80 g Zucker
1 TL Speisestärke
1 EL Zitronensaft
Für die Crêpes:
30 g Butter
¼ l Milch
110 g Mehl
Salz
2 Eier (Gr. M)
1 EL Zucker
100 g Nussnugat
Butter zum Backen
Außerdem:
2 EL Haselnussblättchen
1–2 EL Puderzucker
4 Kugeln Vanilleeis

TIPP
Wenn Sie spontan die Lust auf Nugat-Crêpes überkommt und Sie kein Nussnugat im Schrank haben, können Sie die Crêpes auch mit Nussnugatcreme bestreichen und wie beschrieben fertigstellen.

Sonntagsfrühstückshit!

Marillenröster

Blitzschnelle
Nussnugatsauce

Beerengrütze

Vanillesauce

Blitzschnelle Nussnugatsauce

ca. 5 Min. • ★ • 6 Personen

Zutaten
100 g Sahne, 125 g Nussnugatcreme, Salz

1 Die Sahne in einem Topf erhitzen und vom Herd nehmen. Die Nussnugatcreme dazugeben und beides mit dem Schneebesen zu einer glatten Sauce rühren. Nach Belieben 2 cl Haselnusslikör (z. B. Frangelico) unterrühren.

2 Die Sauce mit etwas Salz abschmecken. Lauwarm abkühlen lassen und servieren.

TIPP
Die Nussnugatsauce schmeckt hervorragend zu Kirsch-Streusel-Kuchen (siehe S. 16), zu allen Schmarren (ab S. 64) oder zu Apfel-Hefeküchlein (siehe S. 84).

Vanillesauce

ca. 15 Min. • ★★ • 6 Personen

Zutaten
1 Vanilleschote, ¼ l Milch, 150 g Sahne,
50 g Zucker, Salz, 3 Eigelb (Gr. M),
1 TL Speisestärke

1 Die Vanilleschote längs aufschneiden und das Mark herauskratzen. 200 ml Milch, die Sahne, den Zucker, die Vanilleschote, das Vanillemark und 1 kleine Prise Salz in einem Topf aufkochen und unter Rühren köcheln, bis sich der Zucker aufgelöst hat. Die Vanillemilch vom Herd nehmen und kurz abkühlen lassen.

2 Die Eigelbe mit der restlichen Milch und der Speisestärke in einer Metallschüssel glatt rühren. Die Vanilleschote aus der Vanillemilch nehmen und die warme Vanillemilch nach und nach unter die Eigelbmischung rühren. In den Topf gießen und unter Rühren langsam erhitzen, bis die Sauce bindet. Vom Herd nehmen und abkühlen lassen.

TIPP
Die Vanillesauce ist eine perfekte Ergänzung zu Bratapfel-Blätterteig-Tarte (siehe S. 30), Heidelbeer-Birnen-Crumble (siehe S. 24) oder Mohn-Joghurt-Schmarren mit Erdbeeren (siehe S. 66).

Beerengrütze

ca. 15 Min. + Abkühlen • ★ • 6 Personen

Zutaten

500 g gemischte Beeren (Heidelbeeren, Brombeeren, Rote und Schwarze Johannisbeeren), 250 g Himbeeren, 75 ml trockener Weißwein, 2 TL Zitronensaft, 80 g Zucker, 1 Pck. Bourbon-Vanillezucker, 1 EL Speisestärke

1 Die gemischten Beeren verlesen, waschen, abtropfen lassen und beiseitestellen. Die Himbeeren waschen und abtropfen lassen, mit dem Stabmixer pürieren und durch ein Sieb streichen. Das Himbeermus, den Wein, den Zitronensaft, beide Zuckersorten und die Speisestärke in einem Topf verrühren und aufkochen. Bei schwacher Hitze köcheln, bis die Mischung andickt.

2 Die gemischten Beeren dazugeben, langsam aufkochen und etwa 2 Minuten köcheln lassen. Die Grütze vom Herd nehmen und abkühlen lassen.

TIPP

Die Beerengrütze schmeckt wunderbar zum Glühwein-Schokoladenkuchen (siehe S. 62). Und sie ist eine leckere Füllung für das Schaumomelett (siehe S. 72). Sie kann auch das Brombeerkompott bei den Nugat-Crêpes (siehe S. 76) ersetzen.

Marillenröster

ca. 15 Min. + Abkühlen • ★ • 6 Personen

Zutaten

500 g Aprikosen, 1 EL Butter, 50 g Zucker, ½ Zimtstange, ½ ausgekratzte Vanilleschote, 1 Scheibe Ingwer, 1 TL Zitronensaft

1 Die Aprikosen waschen, trocken tupfen, halbieren, entsteinen und in Spalten schneiden. Die Butter in der Pfanne erhitzen. Die Aprikosen, den Zucker und die Gewürze hinzufügen und hell karamellisieren, dabei vorsichtig wenden.

2 Den Zitronensaft, 2 EL Wasser und nach Belieben 2 cl braunen Rum (54 Vol.-%) dazugeben. Die Aprikosen offen bei mittlerer Hitze 4 bis 6 Minuten weich garen, dabei ab und zu umrühren. Die Gewürze entfernen. Den Röster lauwarm abkühlen lassen.

TIPP

Marillenröster schmeckt gut zu Mohn-Joghurt-Schmarren (siehe S. 66) oder Topfen-Grieß-Schmarren (siehe S. 68).

Apfel-Hefeküchlein

Cronuts

Apfel-Hefeküchlein

☞ ca. 50 Min.
1–1 ½ Std. Gehen
ca. 25 Min. Backen

★★ mittel

4 Personen

ZUTATEN

300 g Mehl
70 g Zucker
200 ml lauwarme Milch
½ Würfel Hefe
2 Äpfel (z. B. Elstar)
2 Eier (Gr. L)
60 g weiche Butter
Salz
Öl zum Ausbacken

1 Das Mehl mit dem Zucker in einer großen Schüssel mischen. 2 EL abnehmen und mit der Milch und der zerbröckelten Hefe verrühren. Diese Mischung 5 bis 10 Minuten gehen lassen, bis sich das Volumen stark vergrößert hat.

2 Die Äpfel waschen und vierteln, das Kerngehäuse entfernen. Die Apfelviertel in kleine Würfel schneiden. Die Eier, die Butter, die Milch-Hefe-Mischung und ½ TL Salz zur Mehl-Zucker-Mischung geben und alles mit den Quirlen des Handrührgeräts zu einem glatten Teig verrühren. Die Apfelwürfel unterrühren. Den Teig mit einem Küchentuch zugedeckt an einem warmen Ort 1 bis 1½ Stunden gehen lassen, bis er schön aufgegangen ist.

3 In der Pfanne 1 cm hoch Öl erhitzen. Den Teig einmal durchrühren und ein Viertel des Teigs in der Pfanne verteilen. Bei mittlerer Hitze 4 bis 5 Minuten goldbraun ausbacken, wenden und weiterbacken, bis auch die zweite Seite goldbraun ist. Mit dem Schaumlöffel herausheben und auf Küchenpapier abtropfen lassen.

4 Die übrigen Küchlein genauso backen. Die noch heißen Küchlein nach Belieben in Zimtzucker wenden und mit Nussnugatsauce oder Vanillesauce (beide siehe S. 80) servieren. Fein dazu schmeckt auch Konfitüre oder Apfelmus.

Cronuts

☞ ca. 25 Min.
ca. 10 Min. Backen
30 Min. Ruhen

★★ mittel

4 Stück

ZUTATEN

Mehl zum Verarbeiten
2 Pck. Croissantteig (aus
dem Kühlregal; à 250 g)
Öl zum Ausbacken
50 g sehr feiner Zucker zum
Wenden
70 g Puderzucker
1 EL Kakaopulver
ca. 1 EL Milch
4 TL Haselnusskrokant
4 TL Zuckerperlen
4 TL Schokoflocken

1 Die Arbeitsfläche mit Mehl bestäuben. 1 Päckchen Croissantteig darauf auslegen. Nacheinander jeweils das linke und rechte Teigdrittel zur Mitte einklappen. Den Teig mit etwas Mehl bestäuben und wieder der Länge nach ausrollen. Erneut die seitlichen Teigdrittel einklappen und wieder mit etwas Mehl bestäubt leicht längs und quer ausrollen (auf eine Größe von etwa 12×25 cm).

2 Mit einem runden Teigausstecher (10 bis 12 cm Durchmesser) Kreise ausstechen. Mit einem kleinen Ausstecher (etwa 5 cm Durchmesser) mittig erneut Kreise ausstechen und den Teig daraus entfernen, sodass Teigringe mit der typischen Donutform entstehen. Mit der zweiten Packung den Teig genauso verfahren. Die Teigreste anderweitig verwenden (am besten bis zur Verwendung einfrieren).

3 In der Pfanne 4 cm hoch Öl erhitzen. Jeweils 2 Teigringe vorsichtig hineingleiten lassen und bei nicht zu starker Hitze etwa 4 Minuten goldbraun ausbacken. Wenden und auf der zweiten Seite goldbraun backen. Herausnehmen, auf Küchenpapier abtropfen lassen und noch heiß rundum im Zucker wenden. Die nächsten 2 Cronuts genauso backen, auf Küchenpapier abtropfen lassen und im Zucker wenden.

4 Für den Zuckerguss den Puderzucker sieben und mit dem Kakaopulver mischen. So viel Milch unterrühren, bis ein zähflüssiger Guss entsteht. Den Guss über die Cronuts träufeln. Mit Krokant, Zuckerperlen und Schokoflocken garnieren. Den Guss 30 Minuten fest werden lassen und die Cronuts servieren.

PIKANTE PFANNENPOWER

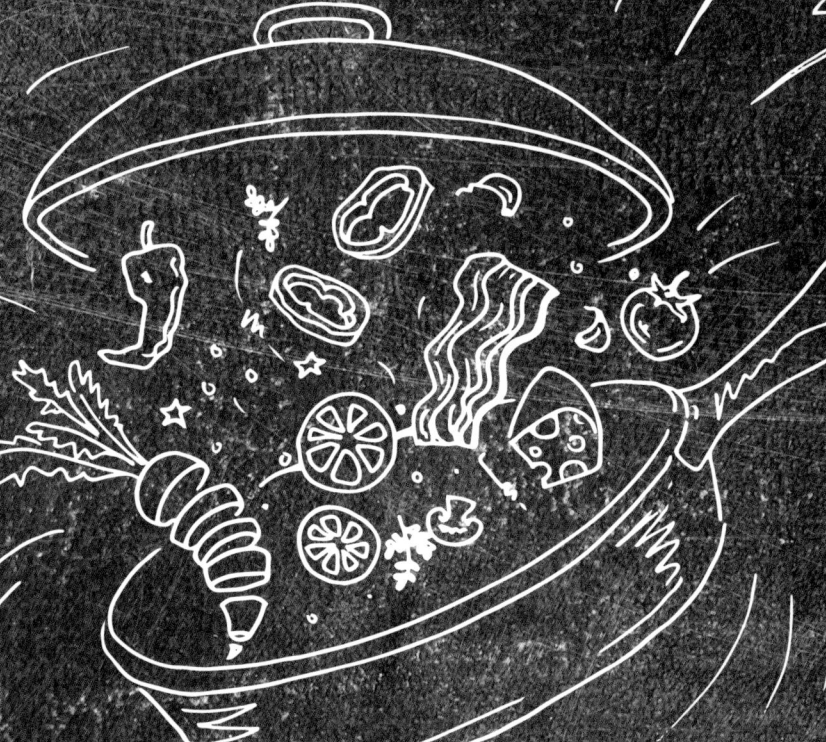

Wähe, gallette & Co.

Lieblingskuchen

Bärlauch-Spargel-Wähe

ca. 25 Min.
35 Min. Backen

★★ mittel

2–4 Personen

1 Für den Teig das Mehl mit dem Backpulver und 1 Prise Salz in einer Rührschüssel mischen. Den Quark, die Milch und das Olivenöl dazugeben und alles mit den Quirlen des Handrührgeräts zu einem glatten Teig verkneten. Aus einem Bogen Backpapier einen Kreis (30 cm Durchmesser) ausschneiden. Den Teig darauf mit etwas Mehl bestäubt ausrollen, sodass ein 1 cm breiter Rand frei bleibt. Den Teig mit den Händen rundum etwas zusammenschieben, sodass ein maximal ½ cm hoher Teigrand entsteht. Beiseitestellen.

2 Für den Belag den Spargel schälen, die holzigen Enden abschneiden und die Stangen in einem Topf mit Dämpfeinsatz über kochendem Wasser 5 Minuten bissfest dämpfen. Herausheben, kalt abschrecken und abtropfen lassen. Von 2 Spargelstangen unten etwa 4 cm abschneiden und gleich naschen. Alle Stangen längs halbieren. Die Schinkenscheiben quer halbieren. Jede Spargelstange in 1 Schinkenscheibe einrollen.

3 Das Olivenöl in der Pfanne erhitzen, die Schinken-Spargel-Röllchen darin rundum anbraten, bis sie leicht gebräunt sind. Den Honig und den Essig dazugeben, kurz schwenken und die Röllchen aus der Pfanne nehmen. Die Pfanne säubern.

4 Für den Guss das Ei, die Sahne, das Pesto und den Essig verrühren und mit Salz und Pfeffer abschmecken. Den Teig samt Backpapier in die Pfanne legen und den Guss darauf verteilen. Die Schinken-Spargel-Röllchen auf den Guss legen, dabei die kürzeren Stangen an den Rand legen. Zugedeckt bei schwacher Hitze 35 Minuten backen, bis der Guss gestockt und der Boden durchgebacken ist, dabei zweimal den Deckel anheben und das Kondenswasser abwischen. Die Wähe vorsichtig aus der Pfanne heben, in Stücke schneiden und warm servieren.

ZUTATEN

Für den Teig:
175 g Dinkelmehl (Type 630)
2 TL Backpulver
Salz
125 g Magerquark
50 ml Milch
50 ml Olivenöl
Mehl zum Verarbeiten

Für den Belag:
4–5 Stangen weißer Spargel (ca. 300 g)
4–5 große Scheiben luftgetrockneter Schinken (60–70 g)
1 EL Olivenöl
1 TL Honig
½ EL Balsamico bianco

Für den Guss:
1 Ei (Größe L)
100 g Sahne
2 EL Bärlauchpesto (aus dem Glas)
½ EL Balsamico bianco
Salz
Pfeffer aus der Mühle

Frühlingsschätze köstlich vereint

Galetten mit glasierten Möhren

☞ ca. 45 Min.
ca. 20 Min. Backen

★★ mittel

4 Personen

1 Die Butter zerlassen. Beide Mehlsorten in einer Rührschüssel mit 1 Prise Salz mischen. Die Milch, das Mineralwasser und das Ei dazugeben und alles mit dem Schneebesen kräftig verschlagen. 1 EL flüssige Butter unterrühren und den Teig mindestens 10 Minuten ruhen lassen.

2 Die Möhren putzen, schälen, längs vierteln und quer halbieren. Das Öl und die übrige Butter erhitzen, die Möhren darin 3 Minuten anbraten. Den Honig hinzufügen und die Möhren 2 Minuten unter Rühren glasieren. Die Brühe portionsweise dazugeben und jeweils verkochen lassen, bis die Möhren knapp gar sind. Den Zitronensaft hinzufügen und ebenfalls verkochen lassen. Die Pfefferbeeren zerstoßen und unterrühren, alles mit Salz abschmecken.

3 Die Möhren aus der Pfanne nehmen und beiseitestellen, die Pfanne säubern. Die Kräuter waschen und trocken tupfen, den Schnittlauch in feine Röllchen schneiden. Von den anderen Kräutern die Blätter bzw. Spitzen abzupfen und fein hacken. Den Ziegenkäse in Scheiben schneiden und die Walnüsse grob zerbrechen.

4 Wenig Butter in der Pfanne erhitzen, ein Viertel des Teigs darin verteilen und bei mittlerer Hitze backen, bis die Unterseite leicht gebräunt ist. Die Galette wenden und mittig mit je einem Viertel der Käsescheiben und der Möhren belegen, dann ein Viertel der Walnüsse daraufgeben. Mit schräg aufgelegtem Deckel backen, bis die Unterseite leicht gebräunt ist. Die Galette von vier Seiten zur Mitte hin einklappen, sodass der mittlere Bereich offen bleibt. Auf einen Teller gleiten lassen und mit den Kräutern bestreuen. Die übrigen Galetten genauso zubereiten.

ZUTATEN

20 g Butter
100 g Buchweizenmehl
2 EL Mehl
Salz
100 ml Milch
100 ml Mineralwasser (mit Kohlensäure)
1 Ei (Größe M)
600 g junge Möhren
1 EL Öl
1 EL Honig
80 ml Bio-Gemüsebrühe
1 EL Zitronensaft
1 TL Rosa Pfefferbeeren
1 Handvoll gemischte Kräuter (z. B. Dill, Kerbel, Schnittlauch, Petersilie)
200 g Ziegenfrischkäserolle
60 g Walnusskerne
Butter zum Ausbacken

Zwiebelkuchen mit Pecorino

Antipastikuchen
mit Ziegenfrischkäse

Zwiebelkuchen mit Pecorino

ca. 30 Min.
25 Min. Backen
★ einfach
6 Personen

1 Die Zwiebeln schälen und in einem Topf mit dem Essig, 100 ml Wasser, 1 EL Honig und etwas Salz aufkochen. Bei schwacher bis mittlerer Hitze 5 Minuten sanft köcheln lassen. Inzwischen den Pecorino fein reiben, den Rosmarin waschen und trocken tupfen, die Nadeln abzupfen und fein hacken. Die Zwiebeln mit einer Schaumkelle aus dem Sud heben und abkühlen lassen. Den Sud beiseitestellen.

2 Das Mehl mit dem Backpulver mischen. Den Joghurt mit 40 ml Zwiebelsud verrühren, den Knoblauch schälen und dazupressen. Das Ei mit ½ TL Salz in einer Rührschüssel mit den Quirlen des Handrührgeräts schaumig schlagen. Nacheinander 1 EL Honig, das Olivenöl und den Joghurt-Mix unterschlagen. Die Mehl-Backpulver-Mischung und zum Schluss den Pecorino unterheben.

3 Die Zwiebeln vorsichtig quer halbieren. Eine Pfanne erhitzen und die Butter darin zerlassen. Den Rosmarin und den restlichen Honig dazugeben und den Honig aufwallen lassen. Die Zwiebeln mit der Schnittfläche nach unten gleichmäßig in der Pfanne verteilen. Den Teig darübergießen und zugedeckt bei schwacher Hitze 20 Minuten backen, bis die Oberfläche gestockt ist.

4 Den Kuchen mit einem Bogen Backpapier belegen und auf einen Teller stürzen. Die Pfanne säubern, den Kuchen mit dem Backpapier zurück in die Pfanne gleiten lassen und offen 5 Minuten fertigbacken. Mithilfe des Backpapiers herausheben und auf einem Kuchengitter kurz abkühlen lassen. In Stücke schneiden und lauwarm oder kalt servieren.

ZUTATEN

300 g rote Perlzwiebeln
100 ml Balsamico bianco
3 EL Honig
Salz
40 g Pecorino (am Stück)
2 Zweige Rosmarin
130 g Mehl
1 TL Backpulver
80 g Naturjoghurt
1 Knoblauchzehe
1 Ei (Größe L)
3 EL Olivenöl
20 g Butter

Antipastikuchen mit Ziegenfrischkäse

☞ ca. 15 Min.
25 Min. Backen

★ einfach

6 Personen

1 In einem kleinen Topf 50 g Butter zerlassen. Das Mehl mit dem Backpulver mischen. Die Eier mit 1 TL Salz in einer Rührschüssel mit den Quirlen des Handrührgeräts schaumig schlagen. Den Knoblauch schälen und dazupressen. Den Zucker einrieseln lassen und weiterschlagen, bis die Masse cremig ist. Den Ziegenfrischkäse unterrühren, dann abwechselnd das Mehl unterheben und die flüssige Butter unterrühren. Zuletzt den Essig unterrühren.

2 Eine Pfanne erhitzen und die restliche Butter darin zerlassen. Die Tomaten und die Oliven gleichmäßig darin verteilen. Den Teig darübergießen und zugedeckt bei schwacher Hitze 20 Minuten backen, bis die Oberfläche gestockt ist.

3 Den Kuchen mit einem Bogen Backpapier belegen und auf einen Teller stürzen. Die Pfanne säubern. Den Kuchen mit dem Backpapier zurück in die Pfanne gleiten lassen und offen 5 Minuten fertigbacken. Mithilfe des Backpapiers herausheben und auf einem Kuchengitter lauwarm abkühlen lassen. In Stücke oder Streifen schneiden und lauwarm oder kalt servieren.

ZUTATEN

70 g Butter
150 g Dinkelmehl (Type 630)
2 TL Backpulver
3 Eier (Größe M)
Salz
1 Knoblauchzehe
2 EL Zucker
150 g Ziegenfrischkäse
1 EL Balsamico bianco
150 g halbgetrocknete Cocktailtomaten (in Öl)
150 g bunte Oliven (ohne Stein; in Öl)

Feldsalat
mit Roter Bete
und
Ziegenkäse

Rucola-Möhren-Salat mit Ingwer

Romanasalat mit Bacon und Croûtons

Spitzkohlsalat mit Grapefruit und Hanfsamen

Rucola-Möhren-Salat mit Ingwer

ca. 15 Min. • ★ • 4 Personen

Zutaten

10 g Ingwer, 2 EL Balsamico bianco, 1 EL Limetten-saft, 1 EL Honig, 1 TL Dijon-Senf, ½ Knoblauch-zehe, 4 EL Öl (z. B. Rapsöl), Salz, Pfeffer aus der Mühle, 250 g Möhren, ½ Bund Radieschen, 1 gel-be Paprikaschote, 1 EL Sesamsamen, 50 g Rucola

1   Den Ingwer schälen und fein reiben. Mit dem Essig, dem Limettensaft, dem Honig und dem Senf verrühren. Den Knoblauch schälen und dazupres-sen. Das Öl nach und nach unterschlagen und das Dressing mit Salz und Pfeffer würzen.

2   Die Möhren putzen, schälen und mit dem Spi-ralschneider in Streifen schneiden. Die Radieschen putzen, waschen und in Scheiben schneiden. Die Paprikaschote längs halbieren, entkernen, waschen und in feine Streifen schneiden, diese halbieren. Al-les mit dem Dressing mischen und kurz ziehen las-sen. Mit Salz und Pfeffer abschmecken.

3   Den Sesam in der Pfanne ohne Fett hellbraun rösten und sofort herausnehmen. Den Rucola ver-lesen, waschen und trocken schleudern, grobe Stie-le entfernen und die Blätter nach Belieben etwas kleiner zupfen. Den Rucola unter den Salat mischen, den Salat auf Schälchen verteilen, mit dem Sesam bestreuen und servieren.

Romanasalat mit Bacon und Croûtons

ca. 20 Min. • ★ • 4 Personen

Zutaten

1 Schalotte, 3 EL Balsamico bianco, Salz, 2 Romana-Salatherzen, 250 g Cocktailtomaten, 100 g saure Sahne, 1 TL Zucker, 3 EL Öl (z. B. Walnussöl), Pfeffer aus der Mühle, 1 Scheibe Weißbrot, 8 Scheiben Bacon (ca. 80 g), 1 EL Öl zum Braten, 2 EL Butter

1   Die Schalotte schälen und in feine Würfel schneiden. Mit dem Essig verrühren, salzen und 10 Minuten ziehen lassen. Inzwischen die Salather-zen in die einzelnen Blätter teilen, waschen, trocken schleudern und in Streifen schneiden oder in mund-gerechte Stücke zupfen. Die Cocktailtomaten wa-schen und halbieren.

2   Die saure Sahne und den Zucker unter die Essig-Schalotten-Mischung rühren. Das Öl nach und nach unterschlagen. Das Dressing mit Salz und Pfeffer abschmecken, mit dem Romanasalat und den To-maten mischen und auf Schälchen verteilen.

3   Das Brot entrinden und in Würfel schneiden. Den Bacon in Quadrate oder Streifen schneiden. Mit dem Öl in die Pfanne geben, knusprig auslassen und auf Küchenpapier abtropfen lassen. Die Butter in der Pfanne erhitzen, die Brotwürfel darin bei mittle-rer Hitze rundum hellbraun rösten und auf Küchen-papier kurz abtropfen lassen. Den Salat mit dem Ba-con und den Croûtons bestreuen und servieren.

Feldsalat mit Roter Bete und Ziegenkäse

ca. 20 Min. • ★ • 4 Personen

Zutaten

5 Stiele Dill (ca. 15 g), 3 EL Apfelbalsamico, 2 EL Honigsenf, ½ Knoblauchzehe, 3 EL Öl (z. B. Traubenkernöl), 1 EL Kürbiskernöl, Salz, Pfeffer aus der Mühle, 1 Rote Bete (ca. 200 g), 150 g Feldsalat, 100 g kernlose Weintrauben (rot oder blau), 2 EL Kürbiskerne, 50 g fester Ziegenfrischkäse (mit Honig), 1 TL Schwarzkümmel

1 Den Dill waschen und trocken tupfen, die Spitzen abzupfen und fein hacken. Den Essig und den Honigsenf verrühren, den Knoblauch schälen und dazupressen. Beide Ölsorten nach und nach gründlich unterschlagen. Das Dressing mit Salz und Pfeffer würzen. 1 EL Dill abnehmen und beiseitelegen, den Rest unterrühren.

2 Die Rote Bete schälen, mit dem Spiralschneider in Streifen schneiden (Einweghandschuhe verwenden!) und mit dem Dressing mischen. Den Feldsalat verlesen, waschen und trocken schleudern. Die Trauben abzupfen, waschen und trocken reiben. Die Kürbiskerne in einer Pfanne ohne Fett anrösten, bis sie sich aufblähen und zu knacken beginnen. Sofort herausnehmen.

3 Feldsalat, Trauben und Kürbiskerne mit den Rote-Bete-Streifen mischen und auf Schälchen verteilen. Den Ziegenkäse grob zerbröckeln und im Schwarzkümmel und im restlichen Dill wenden. Den Salat mit dem Ziegenkäse bestreut servieren.

Spitzkohlsalat mit Grapefruit und Hanfsamen

ca. 15 Min. • ★ • 4 Personen

Zutaten

2 EL Balsamico bianco, 1 EL Fruchtessig (z. B. Mango-, Passionsfrucht- oder Aprikosenessig), 2 TL Honig, 1 TL Dijon-Senf, ½ TL gemahlener Kardamom, 4 EL Öl (z. B. Walnussöl), Salz, Pfeffer aus der Mühle, 250–300 g Spitzkohl, 1 Grapefruit, 2 EL Hanfsamen, 2 Stiele Minze

1 Beide Essigsorten, den Honig, den Senf und den Kardamom verrühren. Das Öl nach und nach unterschlagen. Das Dressing mit Salz und Pfeffer würzen. Den Spitzkohl putzen und waschen, den harten Strunk entfernen und die Blätter in feine Streifen schneiden. Mit dem Dressing mischen.

2 Die Grapefruit so großzügig schälen, dass auch die weiße Haut mit entfernt wird. Die Frucht halbieren. Die Haut der einzelnen Segmente nacheinander zur Mitte hin aufschneiden und herunterziehen. Das Fruchtfleisch herauslösen. Mit den übrigen Segmenten genauso verfahren. Die Grapefruitfilets je nach Größe halbieren oder dritteln.

3 Die Hanfsamen in der Pfanne ohne Fett anrösten, bis sie duften, sofort herausnehmen. Die Minze waschen und trocken tupfen, die Blätter abzupfen und in Streifen schneiden. Grapefruitfilets, Minze und Hanfsamen unter den Salat mischen, mit Salz und Pfeffer abschmecken. Den Salat auf Teller verteilen und servieren.

Polentakuchen all'Italiana

ca. 25 Min.
25 Min. Backen
★★ mittel
2–4 Personen

1 In einem Topf 200 ml Milch und 100 ml Wasser mit den Kräutern der Provence aufkochen. Den Knoblauch schälen und dazupressen. Mit Salz und Pfeffer würzen. Die Polenta einrieseln lassen und unter Rühren etwa 2 Minuten kochen, bis sie recht fest ist. Vom Herd nehmen und die übrige Milch unterrühren. Das Mehl und die Eier unterrühren und die Mischung mit Salz und Pfeffer abschmecken.

2 Die Pinienkerne in der Pfanne ohne Fett hellbraun anrösten und sofort herausnehmen. 1 EL Olivenöl in der Pfanne erhitzen, die Polentamasse darin verteilen, glatt streichen und zugedeckt bei schwacher Hitze 15 Minuten backen.

3 Die Cocktailtomaten waschen und nach Belieben halbieren. Den Mozzarella abtropfen lassen und in dünne Scheiben schneiden. Die Schinkenscheiben quer halbieren. Das Basilikum waschen und trocken tupfen, mit den Stielen grob hacken und mit dem restlichen Olivenöl und dem Zitronensaft mit dem Stabmixer fein pürieren. Mit Salz, Pfeffer und ein paar Tropfen Honig abschmecken.

4 Die Polenta mit einem Bogen Backpapier belegen und auf einen Teller stürzen. Dann mit dem Backpapier zurück in die Pfanne gleiten lassen. Die Cocktailtomaten und die Mozzarellascheiben darauflegen, mit Salz und Pfeffer würzen. Die Schinkenscheiben in kleinen Häufchen darauf verteilen. Zugedeckt weitere 10 Minuten backen.

5 Den Polentakuchen mithilfe des Backpapiers aus der Pfanne heben und in Stücke schneiden. Mit dem Basilikumöl beträufeln, mit den Pinienkernen bestreuen, nach Belieben mit Basilikum bestreuen und warm servieren.

ZUTATEN

¼ l Milch
1 TL getrocknete Kräuter der Provence
1 Knoblauchzehe
Salz
Pfeffer aus der Mühle
100 g 2-Minuten-Polenta
3 EL Mehl
2 Eier (Größe L)
1 EL Pinienkerne
3 EL Olivenöl
100 g Cocktailtomaten
1 Kugel Mozzarella (125 g)
3 Scheiben roher Schinken (ca. 50 g)
5 Stiele Basilikum
1 TL Zitronensaft
Honig

Avocado-Lachs-Torte mit Frischkäsecreme

☞ ca. 50 Min.
1 Std. Kühlen
ca. 30 Min. Backen
★★★ aufwendig
4–6 Personen

1 Die Milch und das Mehl in einer Schüssel verrühren. Die Eier, 1 TL Zucker, 1 EL Essig und 1 Prise Salz unterschlagen. Den Teig 10 Minuten ruhen lassen. Die Gurke schälen und mit dem Sparschäler bis zum weichen Inneren in Streifen abziehen. Die Kerne naschen oder wegwerfen. Die Gurkenstreifen mit 1 EL Essig mischen und mit Salz würzen. Die Avocado halbieren, entkernen, schälen und in dünne Scheiben schneiden. Mit dem Zitronensaft beträufeln und mit Salz und Pfeffer würzen.

2 Aus dem Teig fünf Pfannkuchen backen. Dafür jeweils etwas Öl in der Pfanne erhitzen, eine Suppenkelle Teig hineingeben und durch Schwenken verteilen. Bei mittlerer Hitze etwa 3 Minuten backen, wenden und 2 bis 3 Minuten fertigbacken, herausnehmen. Die übrigen Pfannkuchen genauso backen und abkühlen lassen.

3 Die Sahne steif schlagen. Die Sour Cream und den Frischkäse mit dem restlichem Zucker, dem übrigen Essig und dem Senf verrühren. Die Sahne unterheben, mit Salz und Pfeffer abschmecken und zugedeckt kühl stellen. Den Dill waschen und trocken tupfen, die Spitzen abzupfen und fein hacken. Die Gurkenstreifen ausdrücken.

4 Die Creme in 5 Portionen teilen. Einen Pfannkuchen auf eine Platte legen. Mit 1 Portion Creme bestreichen und mit den Gurkenstreifen belegen. 1 Pfannkuchen darauflegen und leicht andrücken. Mit Creme bestreichen und mit dem Lachs belegen. Den nächsten Pfannkuchen darauflegen und mit Creme bestreichen. 1 TL Dill beiseitelegen, den Rest darüberstreuen. Den vierten Pfannkuchen darauflegen und mit Creme und den Avocadoscheiben belegen. Den letzten Pfannkuchen darauflegen und die restliche Creme in die Mitte streichen. Die Torte zugedeckt 1 Stunde kühl stellen. Den Kaviar auf der Torte verteilen und den übrigen Dill darüberstreuen. In Stücke geschnitten servieren.

ZUTATEN

300 ml Milch
150 g Mehl
2 Eier (Größe L)
2 TL Zucker
3 EL Balsamico bianco
Salz
1 Salatgurke
1 Avocado (z. B. Sorte Hass)
1 EL Zitronensaft
Pfeffer aus der Mühle
Öl zum Backen
200 g kalte Sahne
250 g Kräuter-Sour-Cream
200 g Kräuterfrischkäse
1 TL Dijon-Senf
6 Stiele Dill
150 g Räucherlachs (in dünnen Scheiben)
2 EL Forellen- oder Lachskaviar

Ideal für Party oder Brunch

Ananas-Curry-Kuchen mit pikantem Chutney

☞   ca. 25 Min.
30 Min. Backen

★★   mittel

4–6   Personen

1   Die Putenmedaillons in schmale Streifen schneiden. Die Ananas schälen, das Fruchtfleisch vom harten Strunk abschneiden und eine Hälfte in Würfel schneiden. Die Putenstreifen und die Ananaswürfel mit den Cashewkernen, 1 EL Currypaste, 1 EL Honig, 1 EL Zitronensaft und 1 knappem TL Salz verrühren.

2   In einem kleinen Topf 80 g Ghee schmelzen. Das Mehl mit dem Backpulver mischen. Die Eier in einer Rührschüssel mit den Quirlen des Handrührgeräts schaumig schlagen. Den Zucker einrieseln lassen und weiterschlagen, bis die Masse cremig ist. Das flüssige Ghee unterrühren, dann die Mehl-Backpulver-Mischung unterheben. Zuletzt die Fleisch-Ananas-Mischung unter den Teig rühren.

3   Das restliche Ghee in der Pfanne zerlassen. Den Teig gleichmäßig darin verteilen und zugedeckt bei schwacher Hitze 25 Minuten backen, bis die Oberfläche gestockt ist.

4   Inzwischen die übrige Ananashälfte in kleine Würfel schneiden. Mit 1 TL Currypaste, 2 TL Honig und dem restlichen Zitronensaft mischen. Den Koriander waschen und trocken tupfen, die Blätter abzupfen und in Streifen schneiden. Die Chilischote waschen und in feine Ringe schneiden. Koriander und Chili unter das Chutney rühren, mit Salz und Pfeffer würzen und beiseitestellen.

5   Den Kuchen mit einem Bogen Backpapier belegen, auf einen Teller stürzen und mit dem Backpapier zurück in die Pfanne gleiten lassen. Offen 5 Minuten fertigbacken. Auf ein Kuchengitter stürzen und lauwarm abkühlen lassen. In Stücke schneiden und mit dem pikanten Chutney servieren.

ZUTATEN

200 g Putenmedaillons

1 Ananas

50 g Cashewkerne

1 EL + 1 TL gelbe Currypaste

1 EL + 2 TL Honig

2 EL Zitronensaft

Salz

100 g Ghee (ersatzweise Butterschmalz)

200 g Mehl

3 TL Backpulver

2 Eier (Größe L)

2 EL Rohrohrzucker

5 Stiele Koriandergrün

1 rote Chilischote

Pfeffer aus der Mühle

Mohn-Marzipan-Kuchen

100 g Mehl mit **100 g Dampfmohn** und **2 TL Backpulver** mischen. **200 g Marzipan-rohmasse** in kleine Stücke schneiden. **100 g Butter** mit **1 Prise Salz** mit den Quirlen des Handrührgeräts cremig schlagen, dabei nach und nach **80 g Zucker** einrieseln lassen. Das Marzipan unterrühren, bis eine glatte Masse entstanden ist. Nach und nach **5 Eier (Größe M)** unterschlagen, zuletzt die Mehl-Mohn-Mischung unterheben. Einen Bogen Backpapier passend für den Pfannenboden zuschneiden und die Pfanne damit auslegen. Den Teig gleichmäßig darin verteilen, den Deckel auflegen und den Teig bei schwacher Hitze 25 Minuten backen. Die Oberfläche mit Backpapier belegen und den Kuchen auf einen Teller stürzen. Mit dem Backpapier zurück in die Pfanne gleiten lassen. Offen weitere 5 Minuten fertig backen. Den Kuchen auf ein Kuchengitter stürzen, das Backpapier vorsichtig ablösen und den Kuchen abkühlen lassen. **100 g dunkle Blockschokolade** klein hacken und mit **20 g Kokosfett** über dem heißen Wasserbad schmelzen, handwarm abkühlen lassen und auf den Kuchen streichen. Den Kuchen 30 Minuten zugedeckt kühl stellen, in Stücke schneiden und servieren.

Apfel-Nuss-Kuchen

In einem Topf **100 g Butter** zerlassen und beiseitestellen. **100 g Mehl**, **100 g gemahlene Haselnüsse** und **2 TL Backpulver** mischen. **4 Äpfel** halbieren, entkernen und schälen. Die Hälften von der Außenseite her jeweils im Abstand von ½ cm mehrmals tief einschneiden. **2 Eier (Größe L)** mit **1 Prise Salz** mit den Quirlen des Handrührgeräts schaumig schlagen. **80 g Zucker** und **1 Pck. Vanillezucker** nach und nach einrieseln lassen und die Masse cremig schlagen. Die flüssige Butter, **1 EL Nussnugatcreme** und **2 EL Naturjoghurt** und zuletzt die Mehl-Nuss-Mischung unterheben. **25 g Butter** in der Pfanne erhitzen, die Äpfel darin auf den Schnittflächen bei mittlerer Hitze 5 Minuten anbraten. Die Apfelhälften mittig halbieren und mit den halbrunden Außenseiten nach unten in der Pfanne verteilen. Den Teig gleichmäßig daraufgeben. Zugedeckt bei schwacher Hitze 22 Minuten backen, dabei zweimal den Deckel anheben und das Kondenswasser abwischen. Den Kuchen mit Backpapier belegen, auf einen Teller stürzen und mit dem Backpapier zurück in die Pfanne gleiten lassen. Offen 8 Minuten fertig backen. Mithilfe des Backpapiers aus der Pfanne heben und auf einem Kuchengitter lauwarm abkühlen lassen. In Stücke schneiden, mit **Puderzucker** bestäuben und servieren.

Herzhafter Almschmarren

1 Zwiebel schälen und in kleine Würfel schneiden. **50 g Bergkäse** entrinden und reiben. **1 EL Oliven-öl** erhitzen und die Zwiebel darin anbraten, bis sie leicht gebräunt ist. **50 g magere Schinkenwürfel** dazugeben und 2 Minuten mitbraten, dann aus der Pfanne nehmen. Die Pfanne säubern. **2 Eier (Grö-ße L)** trennen und die Eiweiße in einem hohen Rührbecher mit den Quirlen des Handrührgeräts zu steifem Schnee schlagen. **150 g Mehl** mit **1 TL Backpulver** in einer Rührschüssel mischen und mit den Eigelben, **1 Ei, 200 ml Milch, 1 TL Paprika-pulver (edelsüß)** und **1 Msp. gemahlenem Küm-mel** zu einem glatten Teig verrühren. Die Zwiebel-Schinken-Mischung und den Käse unterrühren. Mit **Salz** und **Pfeffer** würzen und den Eischnee unter-heben. **20 g Butter** in der Pfanne zerlassen. Den Teig gleichmäßig darin verteilen und zugedeckt bei schwacher Hitze 8 Minuten backen. **1 kleines Bund Schnittlauch** waschen, trocken tupfen und in Röllchen schneiden. Die Temperatur erhöhen und den Teig offen 2 Minuten backen, bis der Rand gestockt und die Unterseite leicht gebräunt ist. Den Teig mit dem Pfannenwender vierteln und wenden, offen 2 bis 3 Minuten fertig backen. Den Schmar-ren in Stücke teilen, auf zwei bis drei Tellern anrich-ten und mit dem Schnittlauch bestreuen. Nach Belieben mit Kräuterquark servieren.

Karamellisierter Kaiserschmarren

2 Eier (Größe M) trennen. Die Eiweiße mit **1 Prise Salz** in einem hohen Rührbecher mit den Quirlen des Handrührgeräts zu steifem Schnee schlagen. Die Eigelbe mit **1 Pck. Bourbon-Vanillezucker** mischen. **2 EL Pu-derzucker** darübersieben und die Mischung cremig schlagen. Nach und nach abwech-selnd **150 ml Milch, 75 g Mehl** und **2 bis 3 EL Mineralwasser mit Kohlensäure** un-terschlagen. Den Eischnee und dann **2 EL Sultaninen (in Rum eingelegt)** unterheben. **1 EL Butter** in der Pfanne erhitzen, den Teig darin verteilen. Bei mittlerer Hitze 5 bis 7 Mi-nuten backen, bis die Unterseite gebräunt ist. Den Teig vierteln, wenden und 3 bis 4 Minuten fertig backen, dabei **½ EL Butter** dazugeben. Den Teig mit dem Pfannenwender in grobe Stücke zerteilen. **1 EL Puderzucker** darüber-sieben und leicht karamellisieren lassen, da-bei die Stücke mehrmals wenden. Den Schmarren auf zwei Teller verteilen und mit **2 EL Puderzucker** bestäuben. Nach Belieben mit dem Marillenröster (siehe S. 81) servieren.

SYMBOLE IM BUCH

Hinter diesen Symbolen verbirgt sich, wie viel Zeit Sie fürs Vorbereiten, Schnibbeln oder Rühren benötigen bzw. wie aufwändig die Zubereitung ist.

☞   Zubereitungszeit

★★★   Schwierigkeitsgrad aufwendig

★★   Schwierigkeitsgrad mittel

★   Schwierigkeitsgrad einfach

MARTIN KINTRUP

© Food and Nude Photography

Mit seinen raffinierten und schmackhaften, aber zugleich unkomplizierten Rezepten überzeugt und begeistert Martin Kintrup immer wieder. Nach dem Erfolg von „Burger Gold" und „Big Pan Theory" zeigt er hier seine „süße Seite" und verrät uns die besten kreativen Rezepte für Lieblingskuchen aus der Pfanne.

© 2016 ZS Verlag GmbH | Kaiserstraße 14 b | D-80801 München
ISBN 978-3-89883-708-8 | 1. Auflage 2017

Projektleitung: Linh Nguyen
Rezepte & Texte: Martin Kintrup
Lektorat: Katharina Lisson
Grafische Gestaltung: Irene Schulz
Fotografie: Wolfgang Schardt
Fotoassistenz: Janet Hesse
Foodstyling: Roland Geiselmann
Herstellung: Frank Jansen
Producing: Jan Russok
Druck & Bindung: optimal media GmbH, Röbel

Die ZS Verlag GmbH ist ein Unternehmen der Edel AG, Hamburg.
www.zsverlag.de | www.facebook.com/zsverlag
Im Buch enthaltene Fotos können zur eigenen Nutzung erworben werden unter
www.stockfood.com.

Auf den Geschmack gekommen?

Über 60 schnelle und abwechslungsreiche Kreationen aus den Pfannenküchen dieser Welt.

Martin Kintrup
Big Pan Theory
€ [D] 15,99
ISBN 978-3-89883-591-6

Kochartist Manuel Weyer zeigt in mehr als 50 einzigartigen süßen Rezepten die Schokoladenseite des Grills.

Manuel Weyer
Süß Grillen
€ [D] 15,99
ISBN 978-3-89883-634-0

Gleich weiterlesen!

Jetzt überall, wo es gute Bücher gibt.